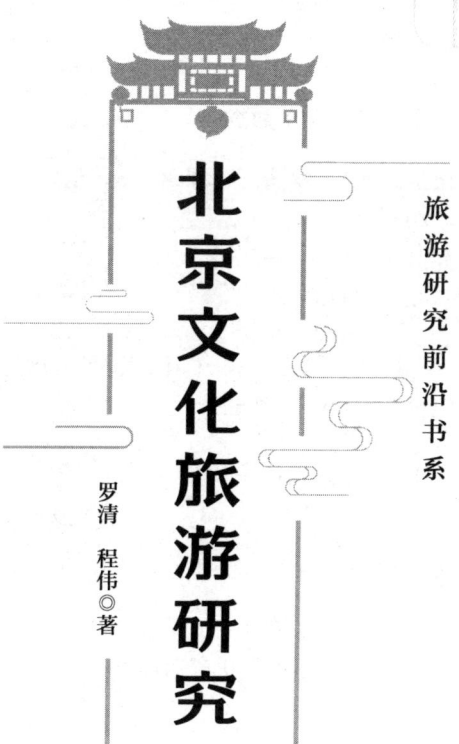

旅游研究前沿书系

北京文化旅游研究

罗清 程伟◎著

旅游教育出版社
·北京·

策　　划：何　玲

责任编辑：何　玲

图书在版编目（CIP）数据

北京文化旅游研究 / 罗清，程伟著. -- 北京：旅游教育出版社，2020.11
（旅游研究前沿书系）
ISBN 978-7-5637-4181-6

Ⅰ．①北… Ⅱ．①罗… ②程… Ⅲ．①地方旅游业－旅游文化－研究－北京 Ⅳ．①F592.71

中国版本图书馆CIP数据核字(2020)第213040号

旅游研究前沿书系
北京文化旅游研究
罗清　程伟　著

出版单位	旅游教育出版社
地　　址	北京市朝阳区定福庄南里1号
邮　　编	100024
发行电话	（010）65778403　65728372　65767462（传真）
本社网址	www.tepcb.com
E - mail	tepfx@163.com
排版单位	北京旅教文化传播有限公司
印刷单位	北京玺诚印务有限公司
经销单位	新华书店
开　　本	710毫米×1000毫米　1/16
印　　张	10.25
字　　数	103千字
版　　次	2020年11月第1版
印　　次	2020年11月第1次印刷
定　　价	60.00元

（图书如有装订差错请与发行部联系）

目 录

第一章 文化旅游概述 ·· 1
第一节 文化旅游的定义 ······································· 1
第二节 文化旅游与旅游文化的关系 ······················· 6
第三节 国内外文化旅游研究概况 ··························· 8
第三节 文化旅游的发展历程 ································· 25
第四节 文化旅游的特点 ······································· 30

第二章 北京简史 ·· 42
第一节 远古及先秦时期 ······································· 42
第二节 秦汉时期 ·· 46
第三节 魏晋、十六国、北朝时期 ···························· 49
第四节 隋唐五代时期 ·· 51
第五节 辽金时期 ·· 54
第六节 元朝 ··· 56
第七节 明朝 ··· 58
第八节 清朝 ··· 60

第九节　民国 …………………………………………………… 61

第三章　北京旅游简史 ………………………………………………… 63
第一节　北京古代旅游 ………………………………………… 63
第二节　北京近现代旅游 ……………………………………… 72

第四章　北京文化旅游资源开发利用现状分析 ………………………… 76
第一节　北京自然和人文历史资源概述 ……………………… 76
第二节　北京历史文化遗产 …………………………………… 82
第三节　民俗文化旅游 ………………………………………… 86
第四节　红色旅游 ……………………………………………… 90
第五节　文博旅游 ……………………………………………… 98
第六节　奥运旅游 ……………………………………………… 100
第七节　北京市文化旅游资源开发利用现状 ………………… 106

第五章　北京文化旅游的 SWOT 分析 ………………………………… 109
第一节　SWOT 分析法 ………………………………………… 110
第二节　SWOT 分析法与文化旅游 …………………………… 111
第三节　北京市文化旅游发展的 SWOT 分析 ………………… 113

第六章　北京文化旅游发展战略 ………………………………………… 123
第一节　绪论 …………………………………………………… 123
第二节　北京市文化旅游资源发展战略 ……………………… 125

第七章　低碳旅游背景下的北京文化旅游发展策略 …………… **139**

第八章　北京文化旅游发展研究实例 ……………………………… **146**
　　　　——北京市通州区旅游产业与文化创意产业的融合 ………… **146**

参考文献 ………………………………………………………………… **153**

后　记 …………………………………………………………………… **157**

第一章
文化旅游概述

第一节 文化旅游的定义

面对蓬勃发展的文化旅游业,文化旅游的定义是什么?应该如何界定?还是简单地从字面意思上界定文化旅游呢?这是必须解决的问题。关于文化旅游的研究最先兴于国外。瓦伦·史密斯(美)认为:"文化旅游系指人类记忆中正在消失的生活方式的图景或地方特色,是这种生活方式的残余。它体现在老式的房子、自家纺织的布匹、马或者拉的车和犁、手工而不是机制的手工艺品。旅游活动包括在简陋的乡下旅馆中进餐,民俗表演,化妆参加酒节,或让人们回忆起粗犷的美国西部的骑马比赛"。

目前,在西方,文化旅游的概念主要有三种:广义的,文化旅游包括旅游的各个方面,旅游者可以从中学到他人的历史和遗产,以及他们的当代生活和思想,其主要代表为金托什;狭义的,文化旅游是一种对异质事物的瞬间消费,经常是比较异常的"那一个",其主要代表为史密斯"中性的,人们离开他们的日常居住地,为获得新的信息与体验来满足他们的文化需求而趋向文化景观的移动。"

国内最早提到文化旅游概念的文章是魏小安的《旅游文化与文化旅

游》，后经过学者的不断探索，国内关于文化旅游主要有以下几种观点：

第一，文化旅游为非旅游产品。"文化旅游不是一个独立的旅游产品，而是一种观念意识的反映，是旅游经营者设计旅游产品时的一种创意思维，是旅游者从事旅游活动的一种方法"，以郭丽华为代表的学者坚持此观点，并认为文化旅游只是一种旅游的开发形式，并没有超出原有的旅游产品的范围。因此，文化旅游产品是不存在的。

第二，以于岚为代表的学者不同意郭丽华的观点，在史密斯的影响下，他们认为文化旅游是一种产品，但只是属于民俗旅游，把文化旅游规定在狭小的范围内。

第三，在承认文化旅游为"产品"的定义中，文化旅游的概念也不相同，主要有四大类：衍生定义、动机定义、意愿定义、操作性定义。由此可见，国内关于旅游的定义还存在着争议，无论是"产品论"还是"非产品论"，二者都强调文化因素。其实这些定义都有一定的依据，这主要是因为他们的出发点不同，再加上文化本身就是界限模糊的。因此，文化旅游的定义也就很难全面地界定了，但定义只突出"文化的因素"，这还是不全面的。既然文化旅游作为一种产业来运作，它就需要理清脉络。文化旅游的定义，还应该从旅游的大环境与文化双重角度进行定义。

旅游活动主要包括旅游者、旅游中介、旅游产品三部分。旅游者即游客，是整个旅游活动中的主体，是活动的发起者，也是终结者。

第一，文化动机是文化旅游区别其他旅游活动最为显著的特征。游客的文化需求主要包括文化休闲、文化学习两大类。不管是文化怀旧还是文化憧憬，文化动机始终贯穿于整个活动中。通过文化旅游，游客获得文化上的满足，精神上的愉悦。通过审美感知、共鸣等审美心理活动，游客感受到生命的存在。

第二，游客具有一定的文化素质修养，特别是对旅游目的地文化感兴趣，这是游客成功旅游的前提条件之一。文化决定着游客的行为，旅游的动机是文化驱使的结果。正是在文化的感召下，游客才开始了被西方学者称为现代朝圣的旅游。以"绍兴文化之旅"为例，在咸亨酒店品尝茴香豆，如果游客不了解鲁迅的小说，不知道孔乙己，那么这次文化之旅是失败的，茴香豆也就成为普通的茴香豆，毫无文化特色之处了。

第三，游客的双重角色。在大部分文化旅游活动中，游客既是文化的接受者，又是传播者。在旅游活动中，游客既是旅游目的地文化的接收者，也是其文化的传播者。同时，相对于旅游目的地文化系统，大部分游客本身也代表着游客来源地的文化。因此，游客也是自身文化系统的传播者。

旅游中介是在旅游活动中以导游为主的辅助体的集合体，它包括旅行社、酒店等与旅游相关的一切因素，甚至包括宣传手册，是联系游客与旅游产品的桥梁。中介的服务是游客了解一个国家或者地区文化的窗口，旅游服务本身就是文化消费的过程，游客会享受尽可能多的独特感受。通过旅游中介，游客可以方便地与文化旅游产品进行沟通交流。旅游中介的服务是面向旅游活动的，是为了挖掘潜在的游客，是为了满足游客的文化需求而营造某种文化氛围，但旅游中介不能代替游客与旅游产品直接沟通。另外，旅游中介的角色并不局限于此，在某种情况下，旅游介体也会变成旅游产品的一部分。民俗旅游，特别是少数民族旅游，导游一般都穿着本民族特有的服饰，这本身就构成了旅游产品，是少数民族文化的一个缩影。在某种程度上，导游已经展现了少数民族文化的特色，满足了游客的文化需求。在现实中，有些游客会放弃导游而进行独自旅游，但他们依然受到其他介体因素的影响。通过各种渠道，游客会了解旅游目的地的文化情况，为文化之旅做好准备。

文化旅游作为特殊的旅游产品，是以文化旅游资源为核心，甚至包括旅游活动中所需要的一切设施、服务、管理以及旅游产业的文化定位等组成的综合性旅游产品，是各种文化旅游资源经过规划、设计、重新包装而成的面向游客的商品。除了具有一般旅游产品的共性外，来源于各种文化旅游资源的文化旅游产品显著特色是文化性，能够满足游客的文化需求。无论是古代的士人云游、修学旅游、宗教朝圣旅游，还是今天的民俗旅游、红色旅游，文化旅游者都倾向于那些文化氛围浓郁、文化特色鲜明的地区。

据世界旅游组织预测，在今后相当长的一段时间内，文化旅游将继续保持较快的增长趋势。文化旅游产品是一组组需要游客解码的符号，是有规律的目的性符号系统。产品主要包括两方面：一方面是游客可以亲眼看到、亲手触摸到、亲耳听到的各种文化载体，主要以民居、建筑、园林、器物、饮食、服饰等为代表的有形的物质层面的文化，游客可以轻易地感受到他们的存在；另一方面，以亲属、婚姻、礼仪、民俗为代表的制度文化以及更深层次的社会意识、价值观念等旅游目的地文化系统的核心部分，这需要游客发挥自身的作用，通过亲身体验，感受它的独特之处。在西南少数民族地区，热情好客的少数民族会为远道而来的游客敬上自酿的美酒，以示诚意，游客只有亲身体验、解码才能领会到少数民族主人的热情好客。另外，旅游目的地的文化也潜移默化地发生变化，以云南少数民族节庆活动火把节为例，在新的火把节当中，节目中蕴含着十分明显的经济目的，形成了旧瓶装新酒的节目。因此，可见，在文化旅游的推动下，旅游产品代表的文化也发生了改变。文化交流也会出现不理想的效果，庄严瑰丽的钟楼是古城西安的重要文化旅游景点之一，每年吸引10万名国内外游客参观，然而解说牌上的英文却有些错误，意思含混不清，令游客扫兴。

以上案例从侧面反映出旅游产品在文化交流上存在的问题，这种问题在全国其他景点也一定程度上存在着。通过以上分析，文化旅游的定义应该为：文化旅游是在旅游中介的参与下，为了满足自身的文化需求，通过亲身体验旅游目的地的文化系统，享受精神上的愉悦为主要目的的一种旅游活动。

首先，这一概念明确了文化旅游是一种旅游活动，是旅游业成熟的分支，为游客提供文化旅游产品。其次，明确了旅游活动中各自的地位、作用，并强调了游客的主体地位。在整个旅游活动中，游客始终主导着活动，并作用于其他因素，正是因为游客的文化上的需求、精神的追求，文化动机才成为文化旅游的显著特色。最后，强调了旅游活动的精神享受。

关于文化旅游的分类，学术界大多从文化的角度，根据文化的基本类型对文化旅游进行划分，部分学者根据文化的四类型说将文化旅游细划分为四类：第一类是以文物、遗址、建筑等物质文化产品为依托的物质文化旅游；第二类是以人类历史上和现阶段的科技成果为依托的智能文化旅游；第三类是以祭祀、婚丧、语言、教育等规范文化为依托的规范类文化旅游；第四类是以宗教、信仰、文学、艺术等精神文化为依托的精神文化旅游。这种常用的划分主要从旅游产品的角度划分的。

在市场经济下，我们也不能忽视了游客角度，从游客的角度文化旅游应划分为文化休闲旅游、文化修养旅游、文化好奇旅游等。

从发展历程上看，文化旅游正是针对提高游客的文化品位而兴起来的一项文化艺术活动。在不同的文化地区，游客通过互动的形式享受文化之旅所带来的乐趣。作为旅游业中一种特殊的旅游产品，文化旅游不仅存在

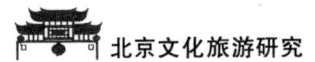

于经营者（规划者）的思维中，更存在于游客身上。马斯洛需求理论与现实情况证明了，文化旅游满足了人类较高的需求，可以说，文化旅游在整个旅游业中居于顶端，是旅游业发展到一定阶段的必然产物。

第二节　文化旅游与旅游文化的关系

无论是在激烈的市场竞争中，还是在学术界中，我们经常听到诸如弘扬旅游文化、发展文化旅游之类的说法，读到有关《中国旅游文化》《中国文化旅游》之类的书籍和文章，其中有很多标题是关于旅游文化，内容却是论述文化旅游资源（产品）的开发或是对旅游业的介绍。因此，区分文化旅游与旅游文化就显得格外重要。在旅游界，随着文化旅游的兴起，文化旅游与旅游文化便成为两个经常使用而又极易混淆的概念，为了区分二者，首先要明确"旅游文化"的概念。在学术界，旅游文化也是一个有争议的概念。20世纪80年代，旅游文化最初是与旅游经济相对立而被广泛讨论的，90年代初关于旅游文化的讨论进入高潮，90年代中期以后讨论进入低潮，但随着文化旅游的兴起，旅游文化再次吸引了众人的目光。

关于旅游文化，国内学者有众多不同的定义，主要有以下几种：

"旅游文化主要是指一种过程，在这过程中，旅游操作者及东道地区的人生产或者发明和有目的地制造某种文化产品，以此来吸引游客。"

"旅游文化是指在旅游活动的过程中，旅游者、旅游吸引物及旅游企业对彼此的时空所产生的作用和影响，以及由此而形成的种种关系及其矛盾运动。"

"旅游文化是文化交流与对话的一种形式，是以旅游主体为中心，以区域文化生态为对象，以跨文化交流为媒介，在丰富多样的旅游活动中进发出来的、形式复杂多样的各种文化行为表现的总和。"

"旅游文化是指旅游者和旅游经营者在旅游消费或旅游服务过程中所反映、创造出来的观念形态及其外在表现的总和,是旅游客源地社会文化和旅游接待地社会文化通过旅游者这个特殊媒介相互碰撞作用的过程和结果。"

"旅游文化奠基于人类追求人性自由,完美人格而要求拓展和转换生活空间的内在冲动,其实质是文化交流与对话的一种形式。"

目前学术界公认的定义为:旅游文化是人类固有文化在旅游活动中的具体体现,是与旅游活动有关的文化现象的总和。旅游文化与文化旅游虽然各自都存在着巨大的争议,但这两者的区别还是很明显的,主要有以下几个方面:

首先是概念的不同。旅游文化与文化旅游为两个不同的概念范畴,旅游文化属于文化的范畴,是文化的一个门类,是文化在旅游中的具体体现,具有文化上的特殊性。文化旅游则属于经济的范畴,是旅游的一种类型,是文化与旅游经济的交叉点。

其次是侧重点不同。概念的不同决定了二者的侧重点不同。旅游文化侧重文化,旅游文化中,旅游只是作为限制词,明晰了文化的范围,它强调的是旅游中的文化属性、旅游意识、旅游伦理等文化问题;文化旅游中的文化则规范了旅游的种类,文化旅游主要的研究为文化旅游产品的开发和经营管理、文化旅游的活动特点、文化旅游市场的需求等经济问题。所以说前者以文化研究为中心,后者以旅游活动研究为中心,二者是不同的。

最后是文化研究的不同。从定义上看,旅游文化中的文化包括旅游主、客体文化、旅游中介文化等,文化旅游的文化主要指以旅游目的地文化为基础而开发的文化旅游产品。因此,前者的范围要远远大于后者,也就是说旅游文化强调的是整个旅游活动的文化属性,文化旅游则强调的是旅游产品的文化属性;从产生的先后顺序看,旅游文化中的文化主要是随着旅游活动而产生的,它是旅游活动的结果展现。"文化旅游"中的文化则是旅游活动产生的原因,它是文化旅游开展的重要前提条件之一;从文化与旅游活动的关系看,旅游文化中的文化是随着旅游活动而产生的,离开旅游活动就无法产生旅游文化。文化旅游中的文化并不是随着旅游而产生的,其文化本质并没有随着旅游活动而改变。

第三节　国内外文化旅游研究概况

一、国外文化旅游研究概况

国外对文化旅游的研究比较深入,旅游与文化的紧密关系很早就被人所认知,但文化旅游作为一个专业名词的出现却是较近的事情,最早提出文化旅游这一专用概念的,是 1977 年由美国出版的《旅游学:要素·实践·基本原理》一书,书中把旅游文化作为一章的标题,并提出"文化实际上概括了旅游的各个方面,人们可以借助它来了解彼此之间的生活和思想"。

世界旅游组织定义文化旅游为"人们想了解彼此的生活和思想时所发生的旅行",具体来说,是指通过某些具体的载体或表达方式,提供机会让游客鉴赏、体验和感受旅游地地方文化的深厚内涵,从而丰富其旅游体验的活动。Reisinger(1994)认为文化旅游是指那些对体验文化经历有特殊兴趣的游客发生的旅游行为,文化旅游除了一般的遗产旅游,还包括艺术、信仰、习俗等,例如民族宗教活动、风味小吃的品尝以及地方音乐戏剧舞蹈等,同时,自然历史的旅游,了解旅游目的地的动植物的生态旅游,参加体育活动和观看体育赛事的体育旅游,以及农业旅游等都在文化旅游之列。

Jamieson(1994)认为文化旅游应该包括以下的内容:手工艺、语言、艺术和音乐、建筑、对旅游目的地的感悟、古迹、节庆活动、遗产资源、技术、宗教、教育等。

从文化旅游需求来看,Bourdieu(1984)指出对文化产品的消耗是中产阶级在不断地寻求新的消费例如体育、度假地等而产生的新的消费类型。

Merriman(1991)研究了英国的博物馆的客源,发现经常光顾博物馆的是有地位、受过很好教育的人群。

Walsh(1991)认为文化旅游的发展是与新兴中产阶级和服务阶层有关。因而,文化旅游同其他文化消费一样,是与收入的增长和受教育程度的提高有关的。

Mac Cannell(1993)、Richards(1994)、Stebbins(1996)区分了一般意义上的旅游者和真正的文化旅游者,真正意义上的文化旅游者是指那些对特定的文化有特殊的喜好,在文化旅游中明确地知道他们需要什么的旅游者。

Stebbins(1996)称这类游客为文化旅游的"中介"。大众文化游客是最主要的游客,这类游客的出游动机不完全是文化吸引,有的游客虽然对文化感兴趣,但其出游时还可能有探亲访友等其他动机。有的游客出游目的不是文化,文化旅游只是附带活动等。大众文化游客喜欢比较成熟的产品,但是有的大众文化游客通过旅行累积各地的风土人情和地方性知识,对文化的了解和期望也较高。

1977年由美国出版的《旅游学：要素·实践·基本原理》最早提出文化旅游这一专用概念，指出：文化实际上概括了旅游的各个方面，人们可以借助它来了解彼此之间的生活和思想。国外学者从多个角度对于文化旅游进行了研究，并取得了一定的成就。从总体上来看，国外的研究主要集中于文化遗产旅游、文化旅游地经营与文化旅游发展过程中的居民参与和政府行为等方面。国外对文化旅游的研究可以从以下方面进行整理：

沃尔的《关于文化旅游概念理论与方法的研究》（Walle）讨论了有关思想形态与文化旅游的问题，认为文化旅游者对他们游览方式的理解影响自身的旅游体验，文化旅游研究者可通过考察游客的理解方式进行有关旅游者的研究；

理查德讨论了欧洲文化旅游的产品和消费，研究了旅游产品需求和供给矛盾；

西蒙（Simons，2000）以澳大利亚为例，探讨了国际智力产权、本土文化和遗产三者之间的关系；

米迪安（Median，2003）论述了文化旅游发展过程中文化商品化对传统旅游者旅游经历的影响；

卡利（Kaley，2004）以加拿大渥太华音乐遗产旅游为例研究了本土化旅游的合理性和意义；

彼德福特（Pitchford，1995）研究了威尔士民族民俗旅游和民族主义的关系；

蒂莫西（Timothy，1997）以印尼著名文化旅游地由亚卡塔购物街为例，研究了目前文化旅游地购物市场状况；

卡文（Cave，2003）就有关建立太平洋岛商业和文化中心等问题进行研究，结果表明将奥克兰作为旅游吸引地是可行的；

麦基谢尔（M Cker Cher，2004）认为中国香港大众文化旅游主要有5个属性：产品、体验、市场营销、文化、领导，其中前3个属性对文化旅游地发展至关重要，同时旅游服务设施位于旅游节点是旅游发展的重要机遇，文化旅游地的多功能性是文化旅游地受游客欢迎的关键因素；

武氏洪幸（Vu Thi Hong Hanh，2006）分析胡志明市城市交通系统改革对运河的文化背景产生了不利的形象影响，以及曼谷等城市的高楼大厦和复杂的交通系统对当地城市文化遗产的破坏，导致当地城市对西方游客吸引力的降低；

西尔布伯格（Silberberg，1995）讨论了博物馆和遗产地文化旅游及商机问题；

威伯克（Verbeke，1996）研究了城市博物馆旅游市场，并通过梯度法进行问卷数据分析，总结了游客动机和市场行为模式；

莫斯卡丹（MS Card，1999）研究了宗教旅游者问题；

加特（Charter S，2002）对爱好酒或以酒产地为首选旅游地的游客进行了研究，并对酒文化旅游者行为和特征进行了探讨；

贝斯克尼迪（Besculide S，2002）对科罗拉多居民文化旅游感知进行了调查。

二、国内文化旅游研究概况

国内关于文化旅游的研究起步较晚，目前仍处于初级阶段，以文化旅游为题，国内的文化旅游研究重点大多是理论研究，多侧重于论述文化旅游开发的相关理论，虽然也有对一些具体区域的实证研究，但大多只是从一个侧面进行研究，不够具体和全面。

在国内，"文化旅游"一词在旅游学的书籍中很常见，有关旅游与文化之间密切联系的论述也颇为常见。20世纪80年代以来，文化旅游因其独具的文化底蕴和特有的文化氛围而受到广大学者的关注。

李一平（2004）以中国香港遗产旅游地为例，说明了遗产地被游客选择的原因包括遗产旅游资源有不同的功能、历史背景和建筑风格，代表着香港传统文化特性；遗产地有助于游客了解香港早期社会生活、文化和社会变迁；遗产地旅游资源较集聚，有助于集中展示遗产魅力。

张跃西（1996）、李英雄（1997）等提出了竹文化旅游、汉字修学旅游等的构想，并对其进行了市场定位，提出了有关宣传促销和产品开发策略。

吴忠军（1998）、刘晓春（2002）等对民俗旅游的概念和民俗旅游的意识形态问题进行了探讨。

刘滨谊（2004）以国内外影视旅游发展兴衰为依据，总结概括了影视旅游的发展阶段及特点，并分析了中国影视旅游发展的现状及存在的问题，提出相应的规划对策。

王云龙（2003）通过对会展活动与旅游活动的比较，界定了会展旅游的概念，认为会展旅游业是旅游业利用会展业的旅游属性和依托会展业的发展优势形成的新型产业。

杨丽霞（2004）等通过对有关中国文化遗产保护利用研究文献的统计分析，从国外经验借鉴研究、价值功能等基础性研究、城市发展和文化遗产保护研究、旅游发展和文化遗产保护研究等7个方面对中国文化遗产保护利用研究进行了综述，并对研究中存在的问题等进行了分析。

蒋志杰等（2004）以江南水乡古镇作为研究对象，采用游客问卷调查及意象地图描绘等方法，初步探究了江南水乡古镇旅游地意象空间的结构以"环状"为特征,并总结了组成意象空间的要素,最后提出了对江南水乡古镇旅游规划与开发的建议。

吴忠军(1998)对民俗旅游的概念和民俗旅游的意识形态问题进行了探讨。

吴文智(2003)从旅游体验的角度,以古村落旅游产品开发为例,提出了旅游产品体验化设计的一系列新方法、新途径。

杨丽霞(2004)对中国文化遗产保护利用研究进行了综述,并对研究中存在的问题等进行了分析。

李一平(2004)以中国香港遗产旅游地为例,遗产旅游资源有不同的功能、历史背景和建筑风格,代表着香港传统文化特性,有助于游客了解香港早期社会生活、文化和社会变迁。

金准等(2004)以安徽龙岗古镇为例,在分析原有的可持续力研究缺陷的基础上,提出具有修正意义的评价体系。

陈传康(1996)从形象策划的角度对泰山文化旅游城进行了形象策划,并分析了其理念基础、行为形象、视觉形象和其传播营销的渠道。

吴承忠(1997)从旅游资源的综合性角度和价值角度对土家族民俗旅游资源进行综述和评价。

刘昌雪(2003)认为皖南古村落通过发展旅游业带动社会和经济发展,是增强自身能力的现实选择。

李肇荣(2004)指出为提高桂林旅游景点对游客的吸引力,需要深入挖掘其文化内涵,打造景点新品牌及形象。

林学钦(2006)认为厦门可以利用其独特海洋历史文化景观开发海洋旅游,把海洋文化与海洋旅游相结合,提升厦门海洋旅游的竞争力。

冯淑华(2002)研究了古村落旅游吸引力的特点,以及客源地与旅游地之间的关联度，并通过对旅游者行为模式的研究，为古村落旅游产品设计开发提供借鉴。

郭一丹（2007）总结了洛带客家古镇在文化旅游开发过程中对当地社区居民生活的影响，针对政府行为的成功经验和不足之处提出相应的建议。

潘宝明（1999）以历史文化名城扬州为例，探讨了历史文化名城的文物保护与旅游发展的关系。

徐菊凤（2005）指出要增强文化旅游的竞争力与吸引力，一方面要对现有的文化旅游产品进行提升和改善，另一方面，需要新增一些创新性的产品和项目。

沈虹，冯学钢（2006）对体现上海历史文化和发展进程的苏州河旅游提出了一些具体的开发理念和模式。

迟丽华（2007）从组织学理论上分析文化旅游开发中的组织运作与整合，并据此提出文化旅游开发应注重政府角色的确立与定位，以产权激励社区居民参与和以创意整合文化资源三条建议。

王衍（1995）用对三孔旅游线路的设计和环境氛围的营造进行了研究。

马晓京（2000）分析了民族旅游开发对民族文化的消极影响以及开发中民族文化的保护问题。

东人达（2005）认为通过民族文化生态村的建立和生态民族旅游业的开发，使重庆文化遗产得到传承与复兴。

安颖、张艳秋（2006）对文化保护区与文化旅游开发相关问题进行了研究。

陈燕、喻学才（2006）提出了提高对城市文化和传统文化的认知能力和保护意识。

陈福义（2007）认为城市文化的挖掘关键在于城市文化品牌的挖掘，而城市文化旅游发展的根本则在于城市文化环境的营造和优化。

三、文化旅游的相关理论

1. 旅游承载力理论

旅游承载力又称旅游容量，是指对某一旅游地而言无害于其可持续发展的旅游活动容量。旅游承载力关系到旅游接待地区的接待规模、经济效益、环境效益、社会效益等诸方面。

根据旅游承载力的基本理论，文化旅游开发中必须注意以下几点：第一，文化旅游开发中的建筑特点和风格应与当地的文化遗产和环境相协调而不得与之形成冲突。第二，文化旅游的开发必须有利于对当地文化旅游资源品质的维护和提升。第三，文化旅游业的发展应以能够改善当地居民的生活质量为前提和归宿，而不能以牺牲当地居民的生活质量为代价。第四，旅游服务项目的开发应有助于弘扬当地的文化遗产和环境资源。

2. 旅游人类学理论

20 世纪 70 年代，旅游业的产生和发展带来了各种社会的文化的突然碰撞和变迁，引起了人类学家的关注。在这种背景下，人类学家开始把旅游学和人类学结合起来，从而促使旅游人类学的产生。

旅游人类学为文化旅游开发者提供了一种"以人为本"的开发思想。因此，文化旅游开发应以旅游者为中心，以能否满足旅游者的需求来制订规划方案。在确定旅游区性质时要与潜在旅游者的特征相结合；在进行资源评价时，注意与旅游者进行角色互换，以旅游者的眼光评述旅游资源及其产品转换能力；在项目开发、设计线路时，应当符合旅游者心理活动的规律。可见,以人为本的开发思想在文化旅游开发过程中展示出了广阔的前景。

理论概述旅游人类学的产生,最早可以追溯到 20 世纪 70 年代,主要是因为旅游业的产生和发展带来了各种社会的文化的突然碰撞和变迁,深深引起了人类学家的关注。在这种背景下,人类学家开始把旅游学和人类学结合起来,从而促使旅游人类学的产生。旅游人类学是综合运用旅游学基础理论和文化人类学理论,以比较文化的方法研究旅游活动中不同文化之间,尤其是旅游者和旅游接待地不同文化之间的影响、作用以至冲突发生和发展规律的学科,其核心研究内容包括旅游的文化性质与形态、旅游活动中的主客关系、旅游过程中的跨文化沟通、旅游中的文化冲击、旅游发展中的文化商品化、旅游与社会文化改变,这对于旅游开发主体如何开发旅游资源并且发挥旅游的最佳效应,具有尤为重要的启迪意义。

旅游人类学为文化旅游开发者提供了一种以人为本的开发思路。文化旅游资源开发本着将旅游者放在第一位的思想,以旅游者为中心,以能否满足旅游者的需求为制订规划方案的重要依据,在定位旅游区域性质时要与潜在旅游者的特征相结合,在进行资源评价时,注意与旅游者进行角色互换,从旅游者的角度评论旅游资源及其产品转换能力,在开发项目、设计线路中,以符合旅游者心理活动规律来组织方案,在客源市场预测及营销方面则更应以旅游者为中心。因此,以人为本的规划理念在文化旅游资源开发过程中具备广阔的应用前景。

3. 旅游地吸引力系统理论

旅游地的吸引力由旅游资源吸引力、旅游服务吸引力、旅游环境吸引力等要素共同构成,旅游地的各要素吸引力构成了旅游地吸引力系统,其运行结构主要由三大部分组成,即旅游资源吸引力系统、旅游服务吸引力系统和旅游环境吸引力系统,从旅游地的开发和运作角度而言,旅游资源吸引力系统在旅游地吸引力系统中处于核心地位,其余者则为必需的配套系统,旅游资源吸引力系统主要包括资源的个体吸引力和资源的组合吸引力。

资源的个体吸引力,是指资源本身的性质、状态、组成、形成与演化、旅游价值等因素中的部分或全部对旅游者、产生的心理上的拉动作用,使旅游者产生对资源个体的兴趣和消费意愿,旅游价值是旅游者最为关注的因素,它通常包括资源的个性化程度、美学观赏价值和社会、历史、文化价值等;资源的组合吸引力,是指若干资源个体在区域资源系统中通过相互间的关联和互补而形成的对旅游者的心理拉动,并使旅游者产生对该资源联合体的兴趣和消费意愿。

在文化旅游资源开发中,运用旅游地吸引力系统的各要素,加强对旅游地的相应管理策略,加强旅游资源的景观及其周围环境的管理,不断进行服务功能的创新和文化内涵的挖掘,突出旅游地文化的独特性、防止泛化等动态管理,定期通过调查的形式来了解旅游者的心理和行为偏好的改变状况并加以研究,根据旅游者求新、求异的特点,及时做出各方面的调整,满足旅游者的感知需求,加强旅游地文化旅游资源组合的优势,带动资源间的联动效应,提升结构竞争力,努力挖掘旅游地可利用的优势资源,包括旅游地的历史条件、文化传统、地理环境和自然资源等各方面来延长文化旅游的生命周期。

4. 旅游区位理论

区位论是从空间或地域方面定量研究社会经济现象的理论,在地理学和经济开发领域取得巨大发展,在实践中也发挥重要作用后,引入旅游业,旅游区位是某一旅游地相对于其他旅游地的地理位置和空间关系,它对旅游地的开发方向、发展前景起着至关重要的作用,宏观层面主要是从区域旅游业的空间布局、旅游地的宏观区位特性、旅游地的空间结构体系进行研究,其中有以中心地理论为基础进行研究的,有以杜能的农业区位理论为基础进行研究的,微观层面的研究主要是旅游企业的选址、旅游点选址研究,旅游区位包括资源区位、客源区位和交通区位,旅游业因其大众性、经济性、综合性、多样性、季节性等特点,使得旅游区位的研究有别于工农业区位的研究。

在文化旅游资源开发的过程中,要运用旅游区位论的原理与方法,根据文化旅游资源的特色、价值、地域以及文化旅游资源的区域性、是否可移动性来确定文化旅游空间组织与规划开发层次,区位的不同使得其优势与劣势也各不相同,在文化旅游资源开发中要利用不同区位的政治、经济、环境、资源和民俗特色优势,集合最佳效应,挖掘市场潜力,在设计文化旅游时,要根据区位的文化旅游资源、交通状况、旅游容量和服务接待能力,设计好适合不同年龄、不同消费层次的文化旅游。

5. 可持续发展理论

可持续发展主要有以下几层含义:可持续性发展要以保护自然资源和生态环境为基础,同资源的永续性与环境的承载力相协调;可持续性发展要求人们放弃传统的高消耗、高增长、高污染的粗放型生产方式和高消费、高浪费的生活方式;可持续性发展要以改善和提高人类生活质量为目的,与社会进步相适应。

文化旅游是以旅游文化为消费品,通过对有形的景观和无形的精神进行审美并得以享受的旅游活动,这类文化旅游资源是否得以充分开发以及能否长久保存,取决于开发者和规划者是否具有可持续发展思想,可持续性开发是在合理利用文化资源,不超过其承载力的前提下,对旅游目的地的地方特色充分挖掘，进行旅游包装后推向市场，这就要求充分挖掘旅游文化资源的潜力。

四、文化旅游产业整合研究相关内容

1. 基本概念

整合（integration）作为普通词语，由来已久。作为术语，首先被用在数学（积分、积分法）和物理学（匹配），并已涉及部分与整体的关系。从时间上排列，最早的要推英国哲学家赫伯特·斯宾塞（1820—1903），他在达尔文的自然进化法则基础上构建起社会进化理论，通过对社会的"生长过程""结构进化""功能分化""相互依赖"的分析，提出了社会整合的概念。在斯宾塞的理论中，整合的对象成了社会不同的组成部分，这些组成部分不仅包括了可以看见、可以触摸的实体，同时也包括了抽象的虚化的概念。"整合"可理解为"整体""结合""集成""同化"等，但似乎都没有"整合"达意。"整合"既准确表述了事物间的动态作用又强调了事物间结成一个整体的独特性质。

资源整合就是将资源视为一个系统，通过对系统各要素的加工与重组，使之相互联系、相互渗透，形成合理的结构，实现整体优化，协调发展，发挥整体最大功能，实现整体最大效益。

旅游产品整合。旅游产品是指提供给旅游者的一切吸引物及其他必需品，它可分解为三个核心：旅游吸引物；旅游交通；旅游经营接待。其中旅游吸引物的地位和作用是主要的，这是引发旅游需求和实现旅游目的的对象，而旅游交通和接待服务是实现旅游目的的手段。

旅游产品整合不仅仅是指旅游吸引物、旅游交通、旅游经营接待三者的协调，而且是旅游吸引物的整合，即旅游产品整合是指以文化、历史、

地域、环境为主线，以现代技术为手段，系统地、全面地、跨区域地开发特色旅游产品，也就是从时空相结合的角度开发旅游产品，即旅游产品整合。旅游产品整合既使旅游资源得到充分的利用，又避免了各种地区旅游产品的雷同；既使浓缩凝固了的人文旅游资源利用现代技术呈现出图、声、像的完美结合的一种历史再现，又使自然旅游资源与周围自然与人文环境相协调，淡化人文痕迹，保护了旅游资源和生态环境。

多元整合。资源整合是发展文化旅游的最佳途径，由于旅游业是一个高度协作的产业，交通运输、住宿餐饮、旅游景点以及公共服务部门等在这个大产业内互相依赖、互相合作，才能形成令人满意的旅游产品。多元整合将是今后资源整合的发展方向。整合按范围划分为局部整合与总体整合：局部整合是在局部范围内小规模地加以调整和重新配置，而总体整合（又称全方位整合）是从系统的角度对资源进行全面分析、总体规划和调配。

2. 文化旅游产业整合研究相关理论

（1）密度依赖理论。密度依赖理论（Density Dependence）是组织生态学的一支分支，组织生态学是通过研究生命个体的生存竞争活动用其与所处环境的相应关系来解释社会经济领域里的一系列问题的一支理论，目前在管理学和组织学方面运用得最为广泛。该理论认为一个组织中的种群大小受环境中未耗竭资源数量的限制，环境内的资源丰富程度及相应的供给是决定组织内竞争者数量和竞争者程度的首要因素。在研究旅游开发中的资源整合问题时，把文化旅游开发地视为某一组织，那么就可以从组织生态学的视角对资源整合进行分析。

任何一处旅游开发地都存在一系列用于开发的资源，它们可能相互关联，有着相同或相似的主题，也有可能毫无关系，但是无论如何，对它们进行开发都需要投入财力、人力、物力，它们的生存发展都需要客源市场。由此可以把这些旅游资源视为旅游开发地的组织构成，把它们争夺资金投入、客源市场的竞争行为视为生物种群的生存竞争。这时根据"密度依赖"理论可以发现，当某一旅游地的游客总量减少，资金投入总量降低，也就是说旅游地这一组织内的未耗竭资源数量受到限制，环境内资源丰富程度受到影响，那么，对于旅游地内的文化旅游资源而言，其面临的就是加剧的竞争环境，当这种竞争关系紧张到一定程度，未耗竭资源数量到达临界时，该文化旅游地就会最终放弃一些旅游资源的开发或经营活动。要解决这一问题，关键是要提升该组织内未耗竭资源的数量，这可以通过两个途径，一是从外部引入资源，二是转变组织内的不可使用资源为可使用资源，从而改善组织内种群的资源环境，缓解竞争关系。对于旅游地而言，这就意味着提升该旅游地的整体形象和吸引力，吸引更多客源和资金，这也正是旅游地内资源整合的最根本动力。

（2）生物地理学的竞争排斥理论。竞争排斥理论（Competitive Exclusion）认为，没有两个共享同一资源需要的物种可以在同一环境内持续共同生存。具体地说，两个物种如果依赖相似的环境，便会占据许多相同的生态位，而生态位重叠的必然结局便是物种对资源的高度竞争，并且当物种所依赖的资源相似性越高，相互间的竞争越激烈，以至于造成一种或更多种物种的灭亡。如果把旅游地内的旅游资源看作是某一生物物种，那么当两个旅游地进行整合时，这些生物物种所处的环境会发生变化，一方面，旅游地的承载量在上升，另一方面，原有的文化旅游资源将面临新旅游资源的移入以及由此而加剧的竞争关系。尤其在原有旅游资源所占据的生态位（也就是旅游资源原来的目标客源市场）和新移入的旅游资源的生态位重叠时，竞争更加激烈，并会威胁它们的共存。所以在进行文化旅游开发时，要完成区域内的资源整合并让它们能够和谐共存，关键是尽量减少不同地域的旅游资源的生态位重叠，也就是说不同地域要根据自身的旅游开发状况和资源特点，对其文化旅游资源给以不同的定位，优势互补、互为依托，让它们能够满足游客的不同角度、不同层面的需求，减少它们间的竞争而加强合作。这也是大旅游原则的集中体现。

（3）共生理论。"共生"（symbiosis）一词来源于希腊语。"共生"的概念最先是由德国真菌学家德贝里（Anton de Bary）在1879年提出的，指不同种属生活在一起的状态。在现代生物学著作中，"共生"被认为是一种相互性的活体营养性联系。从理论上讲，共生是指"两个不同物种的有机体密切地结合在一起，在共同的生活中双方均获得利益，但彼此不能分开单独生存"。共生的结果，往往使双方更能适宜环境，从而导致了生物的进化。"共生"指人与自然、人与社会、人与人之间互利共生，和谐发展的生存状态和生存模式。"生"不仅仅包含存在、生存，不是事物的简单延伸，而是吸收了新的质、新的内涵、新的要素，从而有着改进、提高、优化、发展含义。"共生"也就是共存、共在、共荣、共利。

"共生"至少包括了三个方面的含义：一是两个以上的独立主体的共同存在；二是这种共同存在是相互需求的、动态的、活生生的；三是"共生"包含了合作与竞争，在合作中竞争，在竞争中加强合作。共生的内涵就是二者共同进化、共同适应、共同发展是共生的深刻本质，组织之间的这种相互依存关系的产生和发展，能使组织向更有生命力的方向演化，是促进组织内部创新和持续稳定发展的基本动力。在互补效应和整体效应的作用下，地域在整体利益的驱动下，地域内旅游资源整合不断提升，包括整合的内容、领域、范围、形式等方面的互利互惠、共生共赢，最终实现地域旅游地的可持续协调发展和共进多赢。

（4）产业集群理论明确的产业集群概念。最早是由哈佛商学院教授迈克尔·波特在1990年出版的《国家竞争优势》中提出来的。在此书的"再版介绍"中作者写道："在《国家竞争优势》一书里，我引入了'集群'概念，集群即指在某一特定区域下的一个特殊领域，存在着一群相互关联的公司、供应商，关联产业和专业化的制度和协会"。

根据波特的定义，产业集群是一组在地理上靠近的相互联系的公司和关联的机构，它们同处或相关于一个特定的产业领域，由于具有共性和互补性而联系在一起。该书还指出，集群不仅仅降低交易成本、提高效率，而且改进激励方式，创造出信息、专业化制度、名声等集体财富，更重要的是集群能够改善创新的条件，加速生产率的成长，也更有利于新企业的形成。产业集群的核心是企业之间及企业与其他机构之间的联系以及互补性，即产业集群内部的共生机制，这种机制既有利于获得规模经济，同时又有利于互动式学习和技术扩散。集群内的企业既有竞争也有合作，彼此间形成一种互动性的关联，从而形成持续创新动力，可见产业集群所具有的竞争优势是产业集聚难以相比的，产业集聚只是形成产业集群的必要条件，单靠地理上的集中并不一定能形成区域内部的共生机制。因此，从区域经济发展中所处的阶段来看，产业集聚经济是区域经济发展的初级阶段，而产业集群经济是区域经济发展的高级阶段。根据波特的竞争优势理论，产业集群一经形成，它就具有一种自我强化的内在机制促使其进一步的成长，形成集群效应，不仅使集群内单个企业的竞争力增强，而且作为一个整体的产业集群也表现出特有的竞争优势。结合现有的研究成果，本文认为产业集群在推动区域经济整体发展的过程中具有以下五个方面的竞争优势：一是产业集群有利于知识和技术创新，形成区域经济的竞争优势；二是产业集群有利于降低集群内企业的交易成本；三是产业集群有利于获得外部经济效应；四是产业集群有利于促进专业化分工，提高劳动生产率；五是产业集群有利于企业在竞合博弈中获益。

（5）核心—边缘理论。核心—边缘理论由美国区域规划专家弗里德曼（J. R. Friedmann）首先提出。在《区域发展政策》一书中，弗里德曼提出任何一个国家或地区，都是由核心区（Core Regions）和边缘区（Peripheral Regions）组成的。核心区主要是城市集聚区，工业发达、技术先进、人口和资本集中，经济增长速度快；外围区是那些相对于核心区域来说经济较为落后的区域。

在核心—边缘理论中认为，区域经济的发展是连续不断的，在发展中，核心区居于统治地位，对资源要素的集聚或扩散起主导作用，外围区依附于核心区而发展。但核心区与边缘区的空间结构地位不是一成不变的。核心区与边缘区的边界在一定条件下会发生变化，区域的空间关系会不断调整，区域经济的空间结构不断变化，最终达到区域空间一体化。在区域旅游整合中，不同区域在旅游资源、交通状况、经济水平等方面会存在明显差异。

一般来说，旅游资源品位高、可进入性强、基础设施良好的区域会逐步发展成为核心区，核心区的资金、技术、人才、市场等方面的优势会向外围辐射，形成与核心区紧密联系的边缘区。核心区和边缘区是主次相连、密不可分的，二者通过旅游业各要素之间的流动，达到合作共赢的效果。外围区为核心区提供资源和地域空间，使核心区的扩散得以实现；核心区为外围地区输入资金、技术、客源、人才等要素，使外围区发展壮大。因此，在区域旅游合作中，核心区与边缘区应该是一种平等竞争、优势互补的合作关系。当前，生产力快速发展，旅游产业正以前所未有的速度不断壮大，当生产力水平达到一定程度以后，旅游核心区就会超出原有的地域范围向外转移和延伸，带动边缘区的发展和壮大，形成新的核心区。开发出个性化产品，又要合理利用资源，以免破坏环境，改变历史风貌；既要满足当代人文化旅游的需求，又不能危害后代人满足自身旅游需要能力的发展。

第三节　文化旅游的发展历程

文化旅游作为新兴的文化产业，特别是旅游业的新宠儿，日益引起相关人士的关注，然而，针对文化旅游的研究，特别是一些基础的研究还有待于完善加强，在这里，首先简单地介绍文化旅游的发展历程。作为旅游业新的时尚追求，文化旅游也是萌芽于古老的旅游业中的，只是不为人们所关注，这是因为大部分旅游活动都有某种文化的存在，文化性是旅游的特性之一。

亚伯拉罕·马斯洛在《动机与人格》一书中提出了人的需求层次理论。马斯洛将人类的需求分为五个层次：人生理需要、安全需要、社交需要、受尊重的需要、自我实现的需要。这五种不同的需求是有层次性的，由低级到高级逐步展开的。当人们的基本需求得到满足以后，人们会渴望更高层次的满足，需求就会出现和萌动。根据马斯洛的需求理论，文化需求是人类正常的需求，也是较高的需求。通过文化旅游，游客可以满足他们的需求。

中国早期的文化旅游主要集中在文化色彩浓厚的游行及旅游上。春秋战国时期，社会发生激烈的动荡，新的社会阶层出现——士。士逐渐成为新的旅游主体，改变了古代旅游的格局，他们具有一定的文化知识，旅游的文化性十分明显，文化因素在他们的旅游行为中占据着重要的地位。孔子,作为中国儒家学派的创始人,周游列国,游说各诸侯王,广收门徒,并"乃南之沛见老聃",学习周礼,观周之文物制度。孔子不仅教授六经(《诗》《书》《礼》《乐》《春秋》《易》),还有六艺(礼、乐、射、御、书、数)。因此,游学孔子门下的弟子众多,可以说,孔子是中国历史上的文化旅游大使。司马迁,一生漫游于祖国各地,"二十而南游江、淮,上会稽,探禹穴,窥九嶷,浮于沅、湘;北涉汶、泗,讲业齐、鲁之都,观孔子之遗风,乡射邹、峄;厄困鄱、薛、彭城,过梁、楚以归。"足迹遍及山东、安徽、四川、陕西等地,访问历史名人古迹,收集了众多逸闻趣事,考察了大量当地风俗人情,最终撰写成名垂后世的不朽之作《史记》。

在唐朝,诗人用他们手中的笔,在诗歌里记录了他们的文化之旅:"仗剑去国,辞亲远游"。李白足迹遍及山东、陕西、四川等地,"朝饮王母池,暝投天门关""孤帆远影碧空尽,唯见长江天际流""黄河西来决昆仑,咆哮万里触龙门""飞流直下三千尺,疑是银河落九天"等。从杜牧的"旅馆无良伴,凝然悄自然"中也可以看出,旅馆当时已经是很普遍的存在了。

除了文人们的文化旅行外,古代的高僧云游也是一种特殊的文化之旅。佛教旅行家以鉴真、玄奘为代表。629年,玄奘从长安出发,经西域十六国,历时四年,到达天竺(古代印度)。在天竺,玄奘潜心研究佛学,遍游各大佛教圣地。645年,玄奘回国,在长安、洛阳等地进行佛经讲解,并把《道德经》译成梵文传入天竺。在亲身经历的基础上,玄奘写成了《大唐西域记》,书中记载了西域沿途所经历的众多国家、地区的地理、历史、宗教、习俗等。

明清之际,随着国门的打开,旅游开始有规模地走向世界。在明朝强大的国力支持下,郑和七次下西洋,远到非洲。这可谓人类文化史上的壮举,儒家文化、印度文化、伊斯兰教文化等不同文化融合在一起,加强了中外文化的交流。相对于明朝的自主性,清朝是在被逼迫下走出国门的。晚清之际,为了挽救中华民族,不少爱国人士纷纷走出国门,近到日本,远到欧洲、美国,他们学习西方的先进文化,开展文化修学之旅。不仅在中国,在西方旅游历史上也较早地出现了文化旅游的雏形。

如同中国一样,文化旅游最早萌芽于西方古代的学者。古希腊哲学家毕达哥拉斯酷爱旅游,30岁时,他便壮游天下,古希腊的文明古迹几乎都留下了他的足迹,在长达十几年的学术之旅中,他提出了"和谐美"的观点。13世纪马可·波罗经历艰难险阻,长途跋涉到达中国元大都,并在元朝廷中任职。数年回国后,马可·波罗写了《马可·波罗游记》。这本书叙述了元朝(东方)灿烂的文化,包括各种习俗、地理风貌等。正是在这本书的刺激下,东方成为欧洲人心目中的圣地。

文艺复兴时期,欧洲掀起了文化旅游的高潮。14~17世纪的文艺复兴运动是一场反对封建主义的资产阶级文化革命运动,它的发生离不开西欧各国人文主义者掀起的文化旅游。通过修业旅行的方式,人文主义者搜集、整理古典著作,学习吸收古典文化的优秀精华,传播新兴资产阶级文化,促进了文艺复兴运动的蓬勃发展。正是由于以上几个主要原因,文化旅游揭去了原先披在身上的面纱,引领着时尚追求,成为旅游业的骄子、文化产业中的香饽饽。

第一,巨大的文化市场需求,促进了文化旅游的兴盛,这是根本的原因。第二,有利的发展环境也是重要原因。从社会的角度看,自从"二战"以后,世界范围内并没有出现大规模的全球性战争、自然灾害等灾难性事件,这为国际文化旅游的发展提供了一个相对安全和平的环境,旅游业的发展并没有中断;从旅游产业来看,文化旅游产品是旅游业的新产品，这有利于借鉴旅游业成熟的行业模式。旅游活动包括吃、穿、住、用、行等几大部分，这也就需要相关产业紧密联系起来，这样才能顺利开展旅游活动；从旅游目的地来看，国内外各国政府都很重视发展旅游业。旅游业被称为无烟工业，是促进经济快速发展的重要手段，在一些贫困地区，当地政府把发展旅游业作为发展当地经济的首要选择。当地行政管理部门积极营造安全的社会环境，并鼓励当地居民欢迎旅游者的到来，以此确保游客的人身安全和财产安全，并依据本地独特的文化资源来发展文化旅游，开发旅游市场，吸引广大潜在的游客；从文化的角度来看，现代人越来越重视保护自己的文化，并且把文化上升到国家安全的高度，从人力、物力上大力保护各种文化遗址，并积极发展本民族独特的文化；从资金保障上看，由于文化旅游市场的蓬勃发展，众多商家看到了巨大的商机，纷纷投资。大量资本，特别是民间资本涌入市场，活跃了市场，为市场的持续发展提供了资金上的保障。第三，丰富的文化资源起到了推动作用。从人类能够直立行走到现在飞上太空，人类创造了灿烂辉煌的各种文明，世界各地不同的民族都在历史的长河中，浓重地写了一笔。不同的民族风情以及各民族的文明遗址，这都成为广大游客向往的重要因素。更为重要的是，人类的文明不断向前发展，新的文化资源在不断的创造中，这为文化旅游源源不断地提供了新的未开发的资源。众多有待开拓的文化领域保障了文化旅游市场的开发有很大的弹性，这极利于文化旅游的长期发展。第四，消费者的休闲时间增多。休闲时间主要包括每日休闲、每周休闲、公共休闲和带薪假期等。随着生产力的发展，经济方式的转变，人们的休闲时间日益增多，带薪休假已经很普遍，时间对人们来说越来越充足。在国内外，政府都规定了法定的假期，例如中国传统的节日假期。通过旅游放松自己，充实自己，缓解工作压力，合理安排空闲时间，提高生活质量，这成为人们重点考虑的事情。

彼特拉克、薄伽丘、达·芬奇为代表的人文主义者，他们游历过罗马、威尼斯、佛罗伦萨等文化圣地，不遗余力地将新兴文化传播到西欧各国，英国、德国、西班牙、法国等国的人文主义的发展都得益于文化旅游学者的文化宣传。近代，欧洲人的文化之旅开始遍布全球，文化探险成为欧洲旅行家的喜爱。古埃及的金字塔、古印度的泰姬陵、美洲的玛雅金字塔，这些古代文明遗址都留下了他们的印迹。

20世纪70年代后期，西方学者开始认识到文化旅游是一个特殊的旅游活动。旅游研究者和经销者已经认识到一部分顾客是专门为了对旅游目的地的文化进行深刻了解而旅行的，旅游市场发生了重大的变化。直到90年代，当大众旅游市场开始细分时，旅游研究者们才开始对文化旅游的实质加以确认，认识到文化旅游是一种特色鲜明的拥有大众市场的旅游活动，它已经超过生态旅游成为旅游业的宠儿。现在文化旅游成为旅游业的热点，各旅游景点通过文化武装自己，提高自己的文化品位，以此作为卖点来吸引消费者的目光。

到底是什么原因，让这个香饽饽——文化旅游，能从大的旅游产业中分离出来，从而得以兴盛？最根本的原因在于巨大的文化市场需求。在整个旅游市场中，文化旅游市场占据了大部分。在中国，文化旅游者人数也在不断上升。根据联合国粮农组织提供的标准，恩格尔系数在59%以上为贫困，50%~59%为温饱，40%~50%为小康，30%~40%为富裕，低于30%为最富裕。1978年，中国农村家庭的恩格尔系数为67.7%，城市家庭为57.5%，而2003年，这一比例已经降低至45.6%和37.1%，而且至2006年一直呈下降趋势。通过数据对比表明，我国人民的生活水平在不断地提高，文化娱乐等精神需求在不断增加，而且未来的发展趋势是人民在这方面的消费也逐步加大。纵观国内外，文化消费市场在日益壮大，这就为文化产业的发展提供了客观依据。随着生产力的不断发展，人类的经济形式也随之发生了巨大的转变。按照中国最早研究文化产业的学者之一李向民的观点，人类社会已经步入精神经济时代，经济的不断发展，城市中产阶级的不断壮大，他们已经不满足生存安全的需求，文化需求不再仅是社会精英们所享有的，只要条件允许，社会大众也可以享受文化大餐，文化旅游也必然成为社会大众的必然选择。

第四节　文化旅游的特点

一、文化旅游的变迁性

关于文化旅游活动，中外学者提出了各自的理论主张，西方学者麦坎内尔提出的"舞台真实"的观点，强调在特殊的舞台环境下，游客欣赏经过精心设计后的旅游产品。"舞台真实"的观点引起了众多学者的关注和争论，"真实性"便成为学者讨论的焦点；中国学者张国洪强调"文化旅游场"，认为"文化旅游涉及人、文化特质、时、地等相关要素，而这些相关要素构成了一种互补的共同体系"。

由此可见，通过旅游活动，旅游目的地的文化发生了变迁。文化旅游目的地文化发生变迁一方面来自自身内部的发展，另一方面来自外部文化的推动。文化旅游目的地文化自身内部的发展取决于文化的符号性与文化旅游消费的符号性。关于文化的属性，学术界主要认为有超自然性、社会性、时空性、民族性、阶级性等属性，但任何文化都具有基本属性——符号性。符号，在英语为 sign，汉语中又有时间、代码、记号等相近词。早先奥古斯丁就为符号下过定义,索绪尔则认为"每个符号都有它的'能指(signifier)'和'所指(signified)'两重性,'能指'即语言的声音印象,'所指'即概念"。索绪尔从"'能指'和'所指'的关系引出'符号的任意性并把它定义为符号学的第一原则'"。

在不同的文化交流中,人们创造符号、使用符号便是为了传达某种文化意义,但这种文化意义并不是由符号单独决定的,而是由符号的阐释者以及文化环境决定的,文化只不过由有共同意义以及表现他们的符号形式所组成的,不同的文化,有时候符号相同但表达的意义不同或者意义相同表现的符号却不同。在中国传统文化中,数字"4"是不吉利的,而西方却是"13";中国人摇头表示"不同意"的意思,而在国外有的民族却表示"同意"的意思。正是文化的这种特性为其变迁提供了可能性。文化旅游活动其实也是文化符号的消费过程。

文化旅游是在相对迥异的时空内进行的,不同的文化系统存在着众多"符号义"不同的符号,这也就为旅游目的地文化开发提供了基础。游客的目标是建构一个日常消费活动的异化批判,在旅游活动中,游客不再从使用的角度对日常生活的物品进行批判和消费,而是从物品所代表的文化意义进行价值的批判,并从中获得自身的文化需求。

在文化旅游过程中,游客品尝旅游目的地的特色饮食不仅是为了果腹,体验少数民族的居所不仅是为了简单的休息,游客主要是享受这一组组实物所代表的文化。因此,文化旅游中所消费物品的符号性超过了其本身的功能性。文化旅游所提供的文化产品必须成为某种符号,必须表达出与旅游其他要素的相互关联或具有某种象征意义,才能容易被旅游者接受并消费。文化旅游目的地文化变迁的外部力量主要来自游客。文化旅游的过程是双向的文化交流的过程。游客不仅是旅游目的地文化的接收者,同时也是旅游主客体所代表的文化的传播者。通过旅游，游客已经成为旅游目的地文化的传播者，但游客本身又代表着一种文化，甚至是与旅游目的地文化差异性很大的文化。在接受旅游目的地文化的同时，游客也向旅游目的地传播着自身的文化。因此，游客在旅游活动中也潜移默化地传播着本身的文化系统，以此来影响旅游目的地的文化系统。

随着中国出境旅游人数的增加，在国外不少景点都出现了大量的中文标识，虽然有一部分是提醒中国游客要行为文明，但这也从侧面透露出中国游客对目的地文化系统的影响。由于受到内外两方面的影响，文化旅游目的地文化发生着变迁，其变迁主要通过文化旅游资源的开发以及文化交流来实现。文化旅游活动也就是文化消费的过程，文化变成一种商品。因此，它不是在日常生活状态下的文化，而是经过开发者包装过的商品，与旅游目的地文化系统有所不同。"商品首先是一个外界的对象，一个靠自己的属性来满足人的某种需要的物（马克思）；商品是这样一种物品，一方面它能满足人们的某种需要，另一方面，它要用来换别种物品（列宁）"。作为一种特殊的商品，文化商品是生产者通过一定的载体，表达生产者甚至是整个人类的思想感情、理智、想象和幻想，以此来满足消费者的精神心理需要，最终形成消费者对宇宙、社会、人生的整体性判断。

文化商品的特殊性在于精神价值的隐蔽性。从生产过程上看，它是生产者对外界的自我的精神对话的结果，包括一定时空下的审美观、价值观等精神财富，具有丰富性和不断延续性，可以说，是作为一种"传达器"而存在。在消费者潜在的文化消费需求影响下，为了赢得市场，文化产品开发者会迎合消费者的需求，甚至会改变原来的文化传统。云南大理的"三道茶"是白族文化的一个传统仪式。每逢佳节，白族人都会用"三道茶"来招待贵宾。"三道茶"的意思是一苦、二甜、三回味，是白族人辛苦的体现，先苦后甜，不要忘记过去。"三道茶"其实是白族人生活中一个简单的仪式，但经过开发者的精心设计包装后，"三道茶"也成为文化旅游产品推销出来，并形成了"三道茶晚会"。在活动中，表演和展示却占据了很大的部分。漂亮的白族少女，优雅的动作，甚至有白族的歌舞表演。在游客眼中，三道茶晚会却成为白族文化的一部分。作为文化旅游产品的"三道茶"与原来的不一样了，这与白族实际生活中的"三道茶"相距甚远。原始的"三道茶"只是简单的喝茶，只是白族人招待客人的简单方式，并没有这些额外的表演。然而通过市场的包装，"三道茶"从一个简单的仪式变成了有组织的旅游活动，从原来单一的社会美转变为以社会美为主包括音乐美、服饰美在内的美的集体。所以说，旅游目的地文化在游客眼中发生了变迁。在内外两种力量的推动下，旅游目的地文化符号意义发生了改变，这导致了文化旅游目的地文化发生了变迁。通过旅游目的地文化的变迁，我们也可以看出"文化是特定社会中社会意义的生产和流通"。

二、文化旅游的再现性

虽然文化系统发生了变迁，但旅游目的地的文化还必须"原貌"地展现在游客面前。这除了是由文化的本身特性决定之外，最重要的是由游客所决定的。游客的最终目的是追求文化的真实体验，因此开发者必须围绕游客的文化需求而展开。为了更好地了解、欣赏旅游目的地的文化，游客通过参与的方式追求情感的真实性。体验是当代旅游最为显著的特点。

20世纪70年代，阿尔文·托夫在《未来的冲击》中，把人类经济发展分为三个阶段：产品经济时代、服务经济时代与体验经济时代。体验经济时代已经来临，一方面，由于现代经济的发展，消费者可以轻易地获取某件商品或者某种服务。在消费者的自主选择性逐渐增强的情况下，消费获得的过程便成为现代人关注的焦点；另一方面，面对着社会的异化、人的异化，工作的日益规范化、单调化，生态环境不断恶化以及人与他人关系的疏远，现代社会人心理上存在一种饥渴。现代人渴望获得某种激情、某种情感，渴望找到自我。

　　面对着物质财富的增加，现代人的精神危机与感情需要并没有得到相应的缓解。在都市里出现的高层建筑的丛林中，若人们被摩天大楼包围，何以遥望蓝色天际的云朵或变幻无穷的彩霞？人们被电视占据，哪来夏日里仰望星空的梦幻时光？且不说古雅的田园牧歌，就是一方无尘的绿茵草坪，一片蕴藏生机的春泥，也将成为现代人生存环境中弥足珍贵的诗意点缀。相反，在某种环境下的体验都可以暂时弥补人的心理创伤，游客在鲜明的功利目的下进行审美活动，明确期待审美过程的到来，有着浓厚的审美期待。

　　因此，游客在心理上极易受到旅游目的地多种美学要素的吸引。审美愉悦是游客在审美活动中的心理体验、享受，"是一项集自然美、艺术美和社会生活美之大成的综合性审美实践活动"。审美体验首先是打破游客身上浅层的文化束缚。从宏观角度看，文化功能与三道茶的改变相比，有的变迁却是违背旅游目的地文化价值标准的。"在地方民族文化、地方意向被商品化的效应下，只要有利可图，就可能成为被大量复制的对象。这种只用片段时间、片段意向打造的地方文化，常使得地方民族文化的特殊性与演进进程被忽略。"

　　文化产品要推向市场，面向消费者，但最终能否转化为商品，即实现交换价值"取决于两个因素，一个是社会的文化背景，二是文化商品的社会运作机制"。文化商品进入社会消费领域，它就不再按照生产者原有的意图而存在了，不同的游客在旅游中、文化消费中会根据自己独特的标准赋予文化产品新的意义，这就导致了文化产品的存在形式和意义发生了改变，甚至完全背弃了生产者原有的意图，也就出现了"一千个读者，便有一千个哈姆雷特"的效果。文化旅游的过程也是文化交流、传播的过程。在交流过程中，旅游目的地文化发生了变迁。"传播是人类通过符号和媒介交流信息，以其发生相应变化的活动"，它是一种计划性很强、主动参与性高，参与双方相互协调互动性强的活动。"传播的确说是一种互动，它不仅仅是再现或描述，事实上它也是对世界的塑形与建构"。

  文化与传播两者是息息相关交融在一起的，文化因传播而不断发挥壮大，通过传播，人类不断创造文化，促进文化的变迁；传播则因为文化的渗透而频繁发生，传播是通过符号进行的，而符号是文化的最小单位，没有文化意义上的符号，便没有传播。文化传播的过程就是编码、解码的过程，也就是文化信息的形式化传播。传播者将文化信息进行编码，然后通过一定的媒介，在一定的传播环境下，传播到受众。受众通过对文化信息的编码进行译码，最终得到传播者的文化信息。按照符号学的观点，"符号是符号具与符号义的结合，是表现层面与内容层的共同体"，由于符号的特征，传播者为受众译码留下无限的语言空间，正是符号都内含着丰富的含义，让人难以穷尽。另外，由于社会环境、个人等各种内外因素的影响，符号义或者符号的意义层面最终由译码者自己决定，传播者的编码与受众的译码只有在理想状态上一致。

  作为特殊的传播形式，文化旅游以文化传播为特色，最为明显的传播是旅游目的地文化到游客受众身上的传播。在这一层面的文化传播过程中，开发者通过一组组特殊的符号，通过各种媒介传播到游客受众。面对开发者的编码符号，游客由于自身内外因素的影响，最终"译码"出的符号意义（文化精神）不一定就等同于旅游目的地的是文化上的自由性。自由性的加强便出现了潜在的"无功利"现象，进入了审美状态，开启了审美之旅。

第一，自由之心可以促使审美主体审美知觉的形成，构成发挥最佳的心理状态，从而发现美，把握审美对象的本质。在长江中游南岸赤壁市境内的赤壁古战场遗址上，两个遒劲有力的大字"赤壁"刻在石壁上，船下是湍湍而流的江水。游客站在船头上，忘却了现实生活的种种纷扰，望着眼前的一切，心中自然会有一种崇高感。"乱石穿空，惊涛拍岸，卷起千堆雪"，可谓思绪万千，令人陶醉。它以审美心理体验的方式突出了审美想象的意义。神话故事与民间传说往往能够引起游客的审美想象，巫峡神女峰的故事传说，神女峰，近看只不过是普通的石柱，没有吸引人的地方，但从远处看，云雾下，神女峰变得模糊不清，具有一定的自然景色美——朦胧美，在神话故事的指引下，游客开始发挥审美想象，享受诗意化的美。

第二，自由之心也可以促进审美主体的再创造。在文化旅游审美活动中，审美对象首先是开发者、设计者的第一次创造的"美"，但由于受审美期待、审美心理差异等因素的影响，游客都会再次对审美对象进行"美"的第二次创造，甚至多次创造。

第三，自我的实现。文化旅游是一个完善自我的过程，进而丰富着自己的文化知识，满足自己的文化需求，同时也促使旅游主体的文化人格得以塑造与完善。

通过文化旅游，游客得到了情感的释放，缓解了压抑，这有助于游客挖掘自己的想象力和创造力，实现自我价值，激起对生命的热爱，获得审美的享受，心理的调节，从而拥有积极乐观的人生态度。文化旅游的最终目的是文化上的旅游，因此，这也决定了文化上的独特性（文化原貌）便成为文化旅游能否开展的前提，也是旅游目的地能否吸引游客的关键所在。由于文化的符号性，来自不同文化时空的游客可能有理解上的障碍，但游客进入旅游目的地文化系统中，其潜意识已经接受、认可了该文化系统，在其他旅游因素的介入下，游客依然能够理解不同文化符号的意义；文化在传播过程中，受众虽然需要不断地做出反应、译码，但译码过程中也是有一个基本的底线，过分"偏离译码"是不会得到当地文化系统的认同，在双方互动的情况下，游客会不断地修正，受众与传播者会达成"文化上的协议"，游客也就了解到旅游目的地文化系统的基本规范，成功"译码"；现代游客渴望一种"真实感"，通过旅游来满足"真实"的需要。文化旅游是一种消费活动，文化成为一种交易的商品，最终展现在游客面前。

在旅游过程中，游客可以从不同的层次、不同的角度感受到"真实"的文化。位于河南省郑州市登封的嵩山少林寺，游客可以通过参观寺、佛、碑等景点了解少林文化，也可以观看大型武林表演接触少林文化。从激烈的武打场面到博大精深的经文，这些都是少林文化不同层面的展现。因此，开发者必须打出文化品牌，强调自己文化产品的独特性，还要保持文化上的本质，不能偏离原有的文化发展轨道，否则会导致旅游的失败。洞经音乐（又称纳西音乐）是丽江文化旅游推出的主要产品，以三老（老学员、老乐器、老乐曲）而闻名，是古老丽江文化的体现。随着时间的推移，年轻一代的出现，洞经音乐发生了改变，一些新的因素不断加入，但其"传统"依然保存下来，依然保持文化上的"原貌"，依然能够满足游客的文化需求。

综上所述，由于受到旅游文化需求的影响，再加上文化本身特性所致,旅游目的地文化又"再现"在游客面前。

三、文化旅游的和谐性

旅游审美活动是一种自由生命的活动,它最终追求生命的和谐状态。文化旅游作为特殊的旅游活动,其和谐之路主要是以文化旅游产品为纽带而展开,最终追求文化上的和谐。"审美活动是一种真正合乎人性的存在方式,审美活动还是人类生命活动的理想形态,因此,只有进入对于人类本体的反思才能与审美本体谋面,同样,只有从对于审美活动的本体论内涵的揭示出发,才有助于揭示人类的超越之维,人类的审美生成的全部奥秘"。

文化旅游审美活动便是一种自由生命的活动,游客可以根据自身情况进行时空上的转换。文化旅游的动机是满足自身的文化需求,这就是增长、开拓自由生命体中精神力量的体现,并在活动中获得美感。在这个意义上,可以说是生命选择了美感,生命在美感中才找到了自己。

文化的和谐状态是文化旅游的最高境界。大部分文化旅游是跨文化的,在文化交流过程中存在着文化震惊与冲突,文化震惊产生的障碍主要表现为:努力适应陌生文化环境时所产生的紧张感;失去原本熟悉的环境和所拥有的社会地位而产生的失落感;面对新环境的繁荣与安详会产生一种自卑感;个人长期以来建立的信念、价值观念发生混乱;环境适应、人际交往力不从心,从而产生无能感、沮丧感等。文化旅游主要从游客的外部和内部两方面完成。游客与外部的文化和谐主要体现为人与审美对象的和谐、人与人之间的和谐。

不同的旅游活动有着自己独特的审美对象。在以自然景物为主要对象的生态旅游活动中,自然山水便作为游客游览的对象,其实质是游客对自然美的鉴赏。在生态旅游过程中，游客从形式入手，融入自然景观之中。通过对自然美的发现，游客感受到审美的愉悦，满足心中回归大自然的冲动，并产生一种安全感和舒适感。当游客置身于黄山之中，以黄山的自然风光为具体的审美对象时，只有融入黄山自然景观之中，游客才能感受到黄山的险峻雄奇之美。可以说，生态旅游主要追求的是游客与自然的和谐。在以文物古迹、博物馆、艺术馆、人工园林（包括仿古建筑）等为主要审美对象的文化旅游活动中，游客所面对的不是纯粹的自然物了，实际上是艺术品，是某种文化的缩影。

与自然山水旅游相比，文化旅游是明显不同的。由于文化旅游的审美对象是人工创造的艺术品，这也决定了在具体的审美活动中要比自然山水的鉴赏存在更多的制约因素。其中最为重要的一点就是创造者的主体情意。因此，在审美活动中，游客的自身素质显得格外重要。只有具有相关的知识储备，游客才能认可旅游目的地的文化、把握观赏对象，才能体会、领悟、还原出作者倾注在审美对象之中的主体情意，同时，游客也才能融入自己的主观情感，才能获得审美愉悦。同样的，如果不具备一定的书法、历史文化知识，游客就不会真正欣赏到泰山石刻群的美，只会感到一块块无聊的石头而已，也正是因为具有一定的知识储备，在合适的条件下游客才会产生审美愉悦，并在美的再创造中发挥着重要作用。

所以，与生态旅游相比，文化旅游追求的是旅游主客体双方文化上的和谐。人与人的和谐，这里的"人"不仅包括现实中的人，也包括非现实中的人。现实中的人主要指游客与非游客。现实中人与人的和谐主要包括游客与游客关系的和谐，游客与非游客关系的和谐。在不同的时空背景上，文化的规范是千差万别的，不同的时空代表不同的文化系统，在同一环境的人们需要共同遵守所处时空的文化规范约束，共同执行各种文化尺度。

相对旅游目的地而言,游客自由的身份有助于其批判地接受旅游目的地的文化。在文化旅游审美活动中,游客可能获得不同层次的审美体验,但游客的情感体验的意义在于:

其一,当游客被所欣赏的文化倾倒,沉醉其中时,游客产生的情感体验是难以言喻的,体验是需要被理解、认可的,当游客接受旅游目的地文化,并得到对方的认可,这也就意味着游客的体验得到尊重,游客得到了满足。无论是游览卢浮宫,还是故宫,甚至是其他著名的旅游目的地,游客都会在《蒙娜丽莎》等具有代表性的景点前照相留念。《蒙娜丽莎》全世界闻名,游客都熟知蒙娜丽莎那永恒的微笑,但大部分游客并不能从专业的角度欣赏,照相的奥秘在于情感体验的验证。在文化旅游活动中,《蒙娜丽莎》此时已成为整个文化旅游的代表,《蒙娜丽莎》代表了文艺复兴时期的文化,是整个欧洲近代文化的缩影。通过照相及其他形式,游客借此证明已经"来过",已经体验到心中向往的文化。正是根据游客的这种心理,旅游开发者专门设计了参与式的文化旅游项目。在制陶师傅的指导下,游客可以亲自制作陶瓷;在农民的带领下,游客可以进行田间劳作等。

其二,游客远离日常生活环境来到新的时空文化之中领略独特的文化,这就完成了对"社会环境"的逆转。在外国文化主题乐园里,游客没有了日常工作中的压迫感,在与自己喜欢的动画片主角在一起,深入其中快乐地游玩,与"它们"进行交流,感受外国文化,倾诉着自己内在的情感。在一片欢声笑语中,成年游客仿佛回到了童年,而小朋友则跑到童话世界中尽情地玩耍。由现实中的人来扮演的动画片主角——非现实人,游客之所以与它们能够建立了融洽的关系,一方面是建立在人类共同情感上的，更深层次的是美国文化上的感召力，最终促使双方文化上的趋同性。人之间的和谐实质上是旅游目的地文化和谐的体现，了解文化、认识文化，与文化的和谐，可以说是游客所追求的。文化冲突是不利于双方文化的交流，不利于满足游客的文化需求的，也会导致文化旅游的失败。因此，文化的和谐是文化旅游的保障，也是文化旅游成功的体现。游客内部生命的和谐。"人是生命，生命的最高目的是生存。人区别于动物，在于他不仅仅只有生物生命，他还有精神生命和社会生命。人是三种生命的统一体。"人的生命是不平衡状态存在的，游客自身的和谐发展主要是指三重生命的和谐发展，使原本脆弱的生命得以强化，以调节生命出现的不正常的失衡状态。只有三重生命都得以相应满足，才能为某一生命的突出发展提供动力和保障。如果忽视生物生命与社会生命，人可能变成身体病弱、毫无社会责任感的"病人"；如果只重视生物生命就会出现无责任感、无高尚情操的人；如果只重视社会生命，任何人也不会完成社会赋予的责任。由此可见，人自身的和谐发展才是最为重要的。文化的旅游主要以自身独特的文化旅游产品来满足生命的文化需求，最终达到和谐。异地旅游欣赏文化景观，一方面可以补充游客的文化知识，充实游客自身的知识结构，甚至提高文化素质；另一方面可以摆脱日常的审美疲劳，通过亲身体验旅游目的地的文化，游客可以获得心理上的愉悦，在自己建立的精神家园中获得美的享受，最终提高精神生活质量。游客外部的和谐与内在和谐是相互促进的，外部的和谐会促进内在和谐的发展，游客自身的和谐是外在和谐的动力。文化上的和谐成为游客文化旅游审美活动的最终追求目标。

第二章
北京简史

第一节 远古及先秦时期

一、远古时期（50万年前—公元前1045年）——原始人类从山区向平原的渐进迁徙

北京的历史源远流长，专家根据考古发掘和发现断定北京地区有人类生活居住的时间已经超过50万年，最早生活在北京地区的人类是位于房山区周口店的"北京人"。从1921年瑞典人安特生与奥地利古生物学家师丹斯基开始对周口店龙骨山遗址进行试掘开始，在两年多的时间里发掘出大量哺乳动物化石，并确认了一颗古人类的上臼齿，这一发现促成了之后的大规模发掘及最终发现完整的北京人头盖骨化石，1929年12月2日，一个让世人振奋的日子，中国古生物学家裴文中发现了第一个北京猿人头盖骨化石，证实在距今60万年前，北京地区已经出现直立行走的进化人类。

在之后的岁月里，经过考古学家不懈的努力，又先后在周口店发现了距今约18000年前的"山顶洞人"；距今约10万年前的"新洞人"。说明

北京是我国远古祖先的故乡，也是世界人类的发祥地之一。

从已发掘出的归属于40多个人类个体的骨骼推断，当时的"北京人"身材比较矮小，成年男性约1.5米，平均年龄30~40岁，能简单打制石器，会使用火。"新洞人"时期已经属于旧石器时代的中期，是原始群的晚期，正是原始群向母系氏族过渡的时期，其活动区域也开始向平原地区过渡。"山顶洞人"时期的古人类，其外貌特征已经与现代人一致，能缝制衣服御寒，出现了原始宗教，已经进入母系氏族的早期阶段。

"北京人""新洞人""山顶洞人"反映了北京地区旧石器时代早、中、晚三个不同发展阶段人类进化和文化演进的概貌，是北京地区旧石器文化遗存的代表。除周口店外，北京房山、怀柔、城区的王府井等处还发现多处旧石器文化遗存，表明当时的古代人类的活动范围已经向平原扩充，活动范围大体是自西向东扩展，同时开始从事原始的农业、手工业和畜牧业，创造了燕山以南地区具有独特风格的远古历史文化。

再之后出现的门头沟东胡林墓葬遗址、平谷上宅文化遗址、昌平雪山村文化遗址则是新石器时代文化的典型代表。从北京地区所处地理位置考量，其远古历史文化与中原和内蒙古、东北地区远古文化有着密切联系，且相互影响。

在北京地区先后发现的考古学上称为雪山三期文化、张家园上层文化等相当于中原地区夏商时期的考古学文化，也就是中国古代的黄帝时代，为西周时期燕文化的发展和壮大提供了条件。相传到了帝尧时代，在幽州建立了最早的都邑，称为"幽都"。帝舜时，又把治水失败的共工氏流放到这里。这些传说和考古发现结合在一起证明，远在4000年前，北京地区已迎来了中华文明的新曙光。大约在公元前2000年，北京地区进入了青铜时代，即我国历史上的夏商二代，这一时期北京地区的文化是一种有显著特色的青铜文化。夏商时期，北京地区的手工业生产有了显著进步，制陶与青铜冶铸已经成为独立的手工业部门，生产了大量精巧的陶器和青铜器。

夏家店下层文化在北京消失后，北京地区的居民已处在商代晚期。据文献记载，在商代晚期，北京地区有孤竹与燕亳两个著名的部族。专家分析，孤竹就是"箕"国，"箕"国就是"蓟"国，"蓟"在学术界习惯上称为"先燕"。这两个部族是商王朝北方的附属国，也是北方的屏障。20世纪80年代中期，考古工作者在房山区拒马河流域进行了一系列考古调查和发掘，发现了两处商代晚期居址：塔照与镇江营遗址，采集到掺有细砂和云母粉、饰有绳纹呈灰褐色的陶鬲残片，正是这些陶器碎片填补了北京地区商代考古的空白。

二、先秦时代（公元前1045—公元前221年）——北京最早的"北漂"

公元前1045年，周武王灭商后，分封周王室同姓贵族召公奭于北燕，即今天北京及周围地区，《史记·燕召公世家》记载了这一分封的史实。

召公奭，文献又称君奭，在周朝官封太保，位列三公。他辅佐成王平息了商纣之子武庚禄父及东夷、徐、奄、薄姑等原商遗方国的叛乱，并率大军向北追击叛军，巩固了周人在东方和北方的统治。为了更好地保卫西周王朝的东北边疆的安宁与发展，周王将燕地封与召公。由于召公在西周王朝辅佐王室，由召公长子克到燕地就封，为事实上的第一代燕侯。1986年，在房山琉璃河黄土坡发掘出土的青铜克盉、克罍的铭文，记载了这一段失传的史实。

燕国建立之初，燕国的统治者在今天房山区琉璃河镇东的董家林村，建立了北京地区迄今发现最早的古城址——西周燕国都城，距今已有3000多年的历史。城址建在大石河东北面的一块高台地上，这里直到北魏时，还被称为"圣聚"。

周灭商后，封召公于燕，召公家在燕地建立了奴隶制国家——燕。

召公占领燕地后，对封域内原有各部族、方国采取"启以商政，疆以周索"的方针，使他们仍旧保有自己的部族或领地，让他们各守其祀，臣服于召公奭为首的燕侯家族，连同赐给的殷遗部族，共同组成燕国的统治阶层。

在今天的北京地区还存在着蓟国和其他部族。《礼记·乐记》载：武王克殷反商，未及下车而封黄帝之后于蓟。《史记·周本记》载：封帝尧之后于蓟。关于蓟国的始封地，有些专家认为在今北京广安门一带，有一高丘名"蓟丘"即是明证。由于这一地区自战国两汉直至今天一直是城市建设的中心地区，历代建设可能把遗址彻底破坏，所以至今难觅西周时期实物。也有专家认为蓟就是自商末就有的箕，"箕"和"蓟"是同音异体字，带有"箕"字的青铜器在北京顺义区牛栏山就出土过。

都城在西周中期迁离琉璃河遗址后，虽然遗址的遗存一直延续到战国时期，但它只是一个重要的居民点而不再是都城了。

春秋时期，北京是个民族杂居的地区，东边是孤竹，东北是肃慎，北边是山戎。各族的居地相距不远，有利于相互接触和往来，因而在经济和文化等方面也互相影响。

战国时期，北京地区是七雄之一的燕国所在地，燕国以蓟城为都。由于战事频繁，各国争相加强防御工事。当时燕国为了南防齐赵，北防戎狄，也修筑了长城。燕国的长城有南北两条，北长城西起造阳今河北省怀来县，东到襄平今辽宁省辽阳县北；南长城由易水的堤防扩建而成，西起

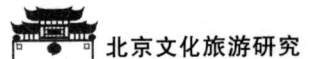

今易县西南,东至今文安县。同时,燕国还在国内修筑了大量城堡,用于防御和对外扩张。

燕国虽然远离中原,但与中原的经济文化联系非常密切。从商代后期开始,燕地人民就具有了与中原地区相同的生活习俗和文化素质。燕人也使用龟甲兽骨进行占卜,青铜铸造工艺也相当发达,器物各部多以动物的形象作装饰,是燕国铜器的突出风格。由于燕人与"胡人"在很多地区错居杂处,燕人的青铜工艺也渗透着游牧民族的艺术风格。

燕国的铁工具在农业、手工业中得到推广和使用,使社会生产力发生了巨大的变革。随着农业、手工业生产的发展,商业也逐渐繁荣起来,具有地方特色的燕国刀币广泛流通于燕国的城市和农村。燕国刀币除在北京地区发现外,还在河北、天津、辽宁、内蒙古、山西、河南等地发现,甚至流传到日本、朝鲜,远可到冲绳岛。这些发现说明燕国货币当时的制造量大、流通广,它既反映了燕国经济的繁荣,也反映了燕国对外经济贸易的发展,"燕之涿、蓟,富冠海内,为天下名都"。

第二节 秦汉时期

一、秦代的广阳——北方军事重镇

秦灭六国统一中国后,仍以咸阳为国都,地方实行郡县制度,在旧燕国地区,基本上沿用了燕国的旧制,新置广阳郡,治蓟,旧燕国地区分为六郡,今北京地区分属于上谷、渔阳、右北平和广阳四郡。蓟成为旧燕国地区政治、军事、文化中心。

秦朝为了更好地统治边远的旧燕国地区,下令将旧燕国的贵族迁往关中和巴蜀地区，收缴并销毁六国散藏于民间的兵器，派大将蒙恬带领三十万军士将北方原秦、赵、燕等国的长城修缮连接起来，以抵御北方的匈奴族的南侵，同时，修建了通往广阳郡的驰道。秦始皇在位期间，曾沿驰道五次巡游全国，其中，第四次巡游时曾到达了旧燕国地区，最东到达过辽西郡（今河北昌黎以北），其西归是沿着旧燕国北长城一线至今天内蒙古地区，再南至上郡返回咸阳的。

秦朝为了建长城抵御匈奴，修驰道、建宫殿和开发秦陵，在全国范围内大量征发徭役，加强赋税，使得百姓的压力沉重。公元前209年，自河南征发的900人行至大泽乡因阴雨道路阻塞，不能按期抵达渔阳，按秦律当斩，迫不得已的情况下，在陈胜、吴广的带领下发动了起义。原六国的贵族也乘机起兵复国。陈胜派将军武臣率三千人北略赵地，武臣又举荐旧燕国韩广为将，北略燕地，燕旧贵族亦拥立韩广为燕王，恢复了燕国，并以蓟为国都。经过秦末的天下纷争，刘邦和项羽取得军事上的优势，项羽封燕将臧荼为燕王，驱逐了韩广的势力。公元前202年，刘邦灭项羽，另立卢绾为燕王。

二、西汉的燕国

西汉初年，今北京地区为燕国，由异姓诸侯王卢绾统治，以蓟城为都。后卢绾串通反将对抗刘邦，被刘邦所灭，卢绾逃至漠北，一年后死于匈奴。刘邦遂封其子刘建为燕王。在之后的年月中，燕王一职总在吕氏和刘姓之中。

西汉时北京地区为燕国，仍以蓟为都城，下辖蓟、方城、广阳、阴乡四县，有人口七万余。王莽时期，改广有郡，改蓟为伐戎。

西汉早期，因统治者实行"轻徭薄赋"政策，对缓解阶级矛盾、恢复发展生产和提高经济起到了一定的作用，在农业生产中已经广泛使用铁器，大量荒地得到开发，同时兴修水利，耕作技术得到很大的提高。

同一时期，手工业、制盐业都有很大的发展，同时也带动了商业的发展。在北京发现的大堡台汉墓即为例证。大堡台汉墓包括墓道、甬道、外回廊、"黄肠题凑"、便房和椁室等部分，其中的"黄肠题凑"共用黄柏木芯15 000余根，虽然墓葬历经盗墓劫难，但依然清理出四百余件物品，有玉器、金器、漆器、铜器等。墓道中放置的随葬车马保存完整，从墓葬的规格和出土文字资料分析，墓主人应是广阳王刘建。

随着历史进程的发展，北京地区的贫富分化日益严重，阶级矛盾也日益尖锐和激化。西汉末年，各地的农民起义纷起云涌，刘秀以绿林军起事，经过与邯郸王郎的交恶，最终获得胜利，控制了北方地区，并自立为帝，建立东汉王朝。

三、东汉的幽州

东汉时期的北京地区，沿用了大部分西汉的行政制度，早期划归幽州，州牧以蓟为驻地，后州牧改刺史。州之下设郡（国），幽州下属十一个郡（国），其中的广阳、涿郡、上谷、渔阳、右北平的大部地区，在今天的北京市境内。

汉光武帝刘秀统一全国后，实行"休养生息"政策，注重恢复和发展农业生产，他任命张堪为渔阳太守后，张堪率军先是抵御了匈奴的入侵，再者重视发展农业，在狐奴县（今北京顺义）利用潮白河水系，开辟稻田八千多顷（500多平方千米），改善了当地农业生产和人民的生活，并开北京种植水稻的先河。

东汉时期北京地区的手工业、商业、贸易都得到比较大的发展，蓟城依然是这一地区的商业中心，亦是内地与东北各民族间贸易的枢纽。东汉中后期，鲜卑族等部分少数民族南迁至长城以南居住，各民族间的贸易往来进一步加强。这一时期，北京地区的土地兼并也日益加剧，贫富分化加重，社会矛盾日益尖锐和激化。汉灵帝初年，北方地区出现以张角为首领的太平道，打出"苍天已死、皇天当立，岁在甲子，天下大吉"的口号，并最终导致黄巾起义的爆发。北方地区陷入长期割据的局面。

东汉时期，儒学得到发扬，代表人物有涿郡的卢植，他师从大儒马融，为大儒郑玄的同门师兄，曾与马日磾、蔡邕等一起在东观校勘儒学经典书籍，并参与续写《汉记》，著有《尚书章句》《三礼解诂》。唐代时配享孔子，北宋时被追封为良乡伯。

第三节　魏晋、十六国、北朝时期

魏晋、十六国、北朝时期，是中国历史上政治动荡、政权更替、军阀混战的一个特殊时期，也是中国历史上第一次南北民族大融合时期。这一时期，北京地区历经曹魏，西晋，十六国时期的后赵、前燕、前秦、后燕和北朝的北魏、东魏、北齐、北周等朝代。以蓟城为核心的北京地区进入了它发展的新阶段，由于割据势力与塞外各族勾结与融合，使得这个曾经的北方边城重镇长期陷入了各族统治者轮番蹂躏的割据之地。

东汉末年，北方广大地区被曹操"挟天子以令诸侯"割据。220年，曹丕废汉献帝，自立为帝，国号魏，史称曹魏（220—265年），共历5帝，存国46年。魏明帝太和六年（232年），改封诸侯王以郡为国，遂改燕郡为燕国，封曹宇为燕王。黄初五年（224年），曾封曹敏为范阳王。曹魏初期，幽州郡县多有变动，幽州辖域十分广阔，东达辽东和今朝鲜半岛。

在今北京地区的有燕国的蓟、昌平、军都、广阳四个县，治所蓟；范阳郡的良乡，郡治涿县（今涿州市）；渔阳郡的渔阳、安乐、潞三个县，治渔阳（今怀柔附近）；上谷郡的居庸县，郡治居庸（今延庆）。这一时期以曹魏为代表的中原政权力量比较强大，作为中原地区的北方屏障，幽州蓟城成为曹魏在北方的军事重镇。

随着东汉末年战乱的结束，曹魏时期北方短暂的统一，北京地区出现了相对比较稳定的社会环境，社会经济逐渐恢复。250年，曹魏镇北将军刘靖亲自实地考察，寻找水源，规划设计，在梁山（今北京石景山）附近修建戾陵堰，开凿车箱渠，引漯水（今永定河）灌溉蓟城附近的农田，这是北京历史上有记载的最早的一项大规模人工灌溉水利工程，在北京水利史上具有重要意义。公元262年，魏元帝派樊晨赴幽州改造戾陵堰，更制水门，延伸高梁河水道，从而扩大灌区面积。为加快农业的发展，还在幽州一带大力发展屯田，以佃兵耕作的叫军屯，以屯田客耕种的称民屯。经过数十年经营，耕地增加，人口也有较大增长，幽蓟地区社会经济得到一定程度恢复和发展。

当以中原政权为代表的中央政权力量强大时，幽蓟往往成为北方的经济、贸易中心和北方的军事重镇；当以中原政权为代表的中央政权力量衰弱时，幽蓟则成为军事割据势力的中心之一；当中原政局混乱时，幽蓟又成为北方游牧民族南下中原的军事前哨基地。

晋元帝建武元年（317年）至隋文帝开皇元年（581年），期间265年，北京曾先后三次成为都城。东晋政权偏安南方，北方出现了由匈奴、鲜卑、羯、氐、羌等少数民族统治者建立的政权，史称"五胡十六国"。前燕主慕容儁建都龙城（今辽宁朝阳），他于后赵永宁元年（350年），率兵攻破蓟城。慕容儁于元玺元年（352年）即皇帝位，以蓟城为国都，以龙城为陪都，但慕容儁于光寿元年（357年）从蓟迁都邺，蓟城作为前燕国都，仅6年，是北京史上少数民族初次在北京建都。魏统一中国北方后，燕郡属幽州，州、郡治所均在蓟城。太平真君七年（446年），发幽州等地10万人筑畿上塞围，东起上谷，西至黄河，广袤千里。其时佛教大兴，今海淀区温泉西车儿营村的石佛像，即为太和十三年（489年）所雕，通高2.2米，是北京现存最古老的石雕佛像。

北魏地理学家郦道元，所著《水经注》四十卷，文笔隽永，描写生动，既是一部内容丰富多彩的地理著作，也是一部优美的山水散文汇集，可称为我国游记文学的开创者，对后世游记散文的发展影响颇大。根据《水经注》对蓟城的描述，加上1965年7月，在京西八宝山发现的西晋王浚妻华芳墓出土的骨尺和华芳墓的墓志铭，最终确定了蓟城的位置，即今天北京市广安门一带。华芳墓出土的银铃则代表了西晋时期北京地区高超的手工艺水平。

第四节　隋唐五代时期

一、隋朝的涿郡

隋文帝统一中国后，废燕郡存幽州，大业初年又改幽州为涿郡，治所依然设置在蓟城。

隋朝开通大运河，刻房山石经，对北京的物质与文化建设，都有重大的意义。隋朝统治者以巩固统治，方便交通和南粮北运为目的，隋代运河以洛阳为中心，西至长安，南通余杭（今杭州），北达蓟城。特别是连接北京地区的运河永济渠，将北京地区与黄河流域乃至江南连接了起来。隋炀帝用兵辽东，也是以蓟城为转运站。隋代房山刻经，始自静琬和尚，后历唐、辽、金、元、明，共刻佛经 1100 多种，3500 余卷，15 000 余石，并有碑刻与题记共 6800 余条。

二、唐代的幽州

唐兴隋亡，控制涿郡、自称幽州总管的隋将罗艺归于唐。今北京在唐代包括幽州的大部、檀州全部（今密云、怀柔、平谷区境）和妫州东部（今延庆区）。唐改涿郡为幽州，仍治蓟城（又称幽州城）。幽州城南北 9 里，东西 7 里，周长 32 里（约相当于今 12.5 千米）。它的东城墙在今宣武门内外大街西侧，南城墙在今白纸坊街至姚家井一带，西城墙在今莲花池东岸，北城墙在今新文化街一线稍南，四城共有十门。子城位于大城的西南部。

贞观十九年（645 年），唐太宗用兵辽东，往返都经过蓟城。为追念死亡将士，下诏在蓟城修建佛寺。寺在武则天万岁通天元年（696 年）建成，赐名悯忠寺。清雍正十二年（1734 年）修葺时改名法源寺。它是北京城区内现存历史最久的名刹。幽州城不仅有名刹，还是唐代东北商业重邑。据《房山石经题记汇编》统计，有米行、肉行、绢行、靴行等 31 种行会。唐天宝元年（742 年），幽州改称为范阳郡，仍设治蓟城。兼领范阳、平卢（治所在今辽宁朝阳）、河东（治所在今山西太原）三镇节度使的安禄山，在蓟城北面另筑雄武城，峙兵积谷。他于天宝十四年（755 年）起兵蓟城，后攻占洛阳。翌年，安禄山自称皇帝，国号大燕，年号圣武，封王置相，以范阳（幽州）为大都。这是北京称大都之始。后发生内讧，被其子庆绪所杀；庆绪又为部将史思明所杀。史思明后来也自称大燕皇帝，并以范阳为燕京，是为北京正式称燕京之始。唐平定安史之乱后，改范阳郡为幽州。

隋唐时期，今北京地区为北方军事重镇，同时又是连接东北边疆地区的前哨阵地，隋唐两朝曾多次征讨高丽，均以今北京作为物资中转站，足显其战略地位的重要。在隋唐历史的380年中，今北京地区的农业、手工业、交通、贸易、文化等均得到不同程度的发展。土地得到进一步的开垦，在历史遗留的基础上又开辟稻田数千顷；由于大运河的开发和幽州的特殊地理位置，使它成为连接关内、关外的商品聚散地。

三、五代时期的幽州

唐亡之后，出现五代十国的分裂局面。五代后梁初，曾任唐幽州卢龙军节度使的刘仁恭，占据燕地，驻军幽州。其子守光囚父杀兄，于乾化元年（911年），自号大燕皇帝，改元应天，置相设官，以蓟为京，三年而亡。

10世纪初，耶律阿保机统一契丹各部，于916年建立契丹国。幽州地区的统治者刘守光和太原的李存勖，都企图勾结契丹统治者来消灭自己的敌对力量，而契丹统治者则利用他们之间的矛盾，乘机发展自己的势力。之后的几十年中，契丹不断南下侵扰，与中原军队发生多次激战，各有胜败。

后唐清泰三年（936年），后唐节度使石敬瑭以割让幽、蓟、云、朔等十六个州（史称"燕云十六州"）为条件，换取辽太宗耶律阿保机发兵协助，推翻了后唐，成了后晋皇帝。燕云十六州中的幽（今北京）、檀（今密云）、顺（今顺义）、儒（今延庆）四州以及妫州（今怀来）的一部分均在今天的北京境内。自此，北京地区开始长期被少数民族统治的历史。

第五节 辽金时期

一、辽南京析津府

938年辽太宗将幽州（今北京西南的广安门一带）定为"南京幽都府"，1012年改"析津府"，名称来自"以燕分野旅寅为析木之津"。

此地在明代之前再难臣属中原，只有不到三年的时间（1123年二月金太祖以"海上之盟"归还了太行山以南的燕京诸州—1125年十二月金太宗第一次伐宋攻下燕山地区）归北宋燕山府管辖过。

辽南京是在唐代幽州城基础上建设的城市，位置在今北京市西南。城墙高三丈（约10米）宽一丈五尺（约5米），幅员三十六里（18千米），是辽五京中最大的城市。辽南京子城又称内城、皇城，位置偏于西南隅，与大城共用西门、南门。子城之中主要是宫殿区和皇家园林区，宫殿区的位置偏于子城东部，并向南突出到子城的城墙以外。南为南端门，东为左掖门（后改称万春门），西为右掖门（后改称千秋门）。宫殿区东侧为南果园区，西侧为瑶池宫苑区。宫苑规模较大，瑶池中有小岛瑶屿，上有瑶池殿，池旁建有皇亲宅邸。

由于子城位置偏于西南，城中只有两条贯通全城的干道，一条是东西向干道，名檀州街，为主要的商业街区；一条是南北向干道。另外两条干道则只能从城门通往子城而终止。除干道之外还有次一级道路。里坊区分布在子城周围，从文献中可以确定方位的有归厚、显中、棠阴、甘泉、时和、仙露、敬客、铜马、奉先九坊。坊内的一些寺观一直留存到现在，如现在的法源寺即当时的悯忠寺，现在的天宁寺塔即是当时天王寺内之塔。

二、金代中都

天辅六年（1122年），金与北宋联兵攻辽，金军陷辽南京析津府，按原订协议交归宋朝，宋改名为燕山府。不久金兵又侵宋占燕山府，改称燕京，先后设置枢密院和行台尚书省。金海陵王完颜亮天德三年（1151年）四月，下诏自上京会宁府（今黑龙江阿城南白城子）迁都燕京，削上京之号。任命尚书右丞张浩、燕京留守、大名尹卢彦伦等负责燕京城的扩建与宫室的营造。1153年（天德五年），宫城竣工，海陵王正式下诏迁都，改南京为中都，改析津府为大兴府。其他上京（会宁府）、东京（辽阳府）、西京（大同府）仍旧，另以汴京（开封府）为南京，中京（大定府）为北京。在北京的发展历史上，正式成为一代王朝的首都自此开始。

金中都仿照北宋汴京规制，在辽南京城基础上扩建。中都城东南角，在今北京南站西的四路通；东北角在宣武门内翠花街；西北角在军博南黄亭子；西南角在凤凰嘴村。东城墙自四路通向北，穿过明清护城河，越过今陶然亭公园、黑窑厂、潘家河沿（今潘家胡同）、虎坊桥西、梁家园，在北新华街西侧与北墙相接，城墙上三门：施仁、宣曜、阳春。中都南城，西起凤凰嘴，笔直向东，途经鹅房营、万泉寺等地，南三门为端礼、丰宜、景风。有人考证，今天的右安门大街、牛街、长椿街至闹市口一线，就是金中都时南北通衢。

金中都的建设依《周礼·考工记》的规划思想，将宫城建筑居中，皇城之内、宫城之外布置行政机构及皇家宫苑，城内还增建祭祀天、地、风、雨、日、月神的郊天坛、风师坛、雨师坛、朝日坛、夕月坛等礼制建筑。

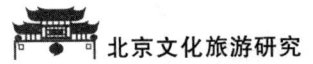

金中都的建成使之成为当时世界上最繁华的商业大都市。当时金世宗完颜亮将皇族贵戚全部迁到中都，为了断绝退路，将旧都上京会宁府的宫殿豪宅彻底夷毁，后来还将皇陵也陆续迁到房山。大批贵族官僚阶层进入中都，使得中都商业迅速发展。史籍记载：完颜亮注重减轻赋税，缓和民族矛盾，休养生息，使农业得到发展，商业繁荣，市场兴盛。这段时期史书称之为"小尧舜"。完颜亮在中都之东开通了潞河，潞城因此改名通州，西面则建成卢沟桥（金大定二十九年1189年始建石桥，三年后的金章宗明昌三年1192年建成，当时称广利桥），使西南陆路各种货物可以直接进入中都。金代还首创了漕运形式，即从水路运送粮米到京城。

第六节　元朝

1206年成吉思汗统一漠北诸部，建立大蒙古国。蒙古先后攻打西夏与金朝，并于成吉思汗二十二年（1227年）8月攻灭西夏，元太宗六年（1234年）3月攻灭金朝，完全领有华北。在西方，蒙古先后发动三次西征，使蒙古帝国称霸欧亚大陆。

元宪宗九年（1259年）元宪宗蒙哥于征伐宋的战争去世后，领有汉地的四弟忽必烈与受漠北蒙古贵族拥护的七弟阿里不哥为了争夺汗位而发生战争，最后于至元元年（1264年）由忽必烈获胜。忽必烈于至元八年（1271年）改国号为"大元"，建立元朝，即元世祖。这场战争让蒙古四大汗国先后脱离与大汗忽必烈的关系，直到元成宗时期才承认元帝为大汗。至元十三年（1276年）元朝攻灭南宋，统一全中国，结束自唐末以来400多年的分裂局面。

1260年忽必烈登基之后，以元上都为都城。但是上都位置偏北，对控制中原不利，因此 1264 年忽必烈在解决了与其弟阿里不哥的汗位之争后，决定把都迁至燕京地区。燕京地区当时尚有金中都故城，然而此城历经金朝末年的战争，自 1215 年 5 月 31 日被成吉思汗的蒙古军队攻陷之后，其城内宫殿多被拆毁或失火焚毁，而且其城市供水来源——莲花河水系已经出现水量不足的情况，无法满足都城日常生活所需用水。1215 年蒙古攻占金中都后改名为燕京。1264 年 8 月，忽必烈下诏改燕京（今北京市）为中都，定为陪都。1267 年决定迁都位于中原的中都，1272 年，将中都改名为大都（突厥语称汗八里，帝都之意），将上都作为陪都。

汉臣刘秉忠为营建大都城的总负责人，城市建造遵循《周礼》的礼治思想。大都城位于金中都旧城东北，平面呈长方形，周长 28.6 千米，面积约 50 平方千米，城四面设有 11 座城门，城中街道分为 50 坊，街道规划整齐，泾渭分明，相对的城门之间一般都有大道相通。建成后的大都城奠定了今天北京城的基础。忽必烈执政期间以非凡的胆略正确处理了历史上凡北方游牧民族入主中原地区后都会遇到的三大矛盾，即民族、宗教和游牧与农耕文化的矛盾，使元大都在初、中期出现了民族融合、宗教自由、文化发达、商业繁荣、国际贸易活跃的局面，给中华文明输入了新的血液。元大都的城市建设和宫殿建设水平凝聚了中国各族劳动人民的高度智慧和伟大创造力，对中华民族的建筑史做出了巨大贡献。元大都城在规划设计、建筑艺术、经济贸易、科学文化及其与世界各国文化交往方面的成就，在城市发展史乃至中国都城发展史上，都占有十分突出的地位。

元朝历史从至元八年（1271 年）蒙古族元世祖忽必烈建立元朝开始，到洪武元年（1368 年）明朝徐达北伐攻陷大都为止，前后共计 98 年。

北京地区遗留的元代建筑重要的有东岳庙、妙应寺（白塔寺）、太液池万岁山（今北海琼华岛）、居庸关云台等。

第七节 明朝

1368年（洪武元年）八月，明朝大将徐达攻陷元大都。由于元顺帝不战而逃，城市未受到破坏，完整地保留了下来。但是由于城池过大，不利于防守，于是徐达决定将北城墙向南移2.8千米，放弃城北的城市建设预留用地。同时用城砖将城墙外侧包砌起来，以提高其防守能力。1370年，明太祖朱元璋封四子朱棣为燕王，就藩于北平。1379年燕王府竣工，1380年朱棣到北平就藩。

1398年明太祖驾崩，由于太子朱标早死，由皇太孙朱允炆即位，年号建文。建文帝为巩固皇权，与亲信大臣齐泰、黄子澄等密谋削藩。1399年朱棣发动靖难之役，于1402年夺得帝位，1403年改北平为北京。1406年（永乐四年），开始筹划迁都北京，并在燕王府基址上营建西内。次年西内落成。1409年在昌平天寿山营建寿陵。1420年，建成紫禁城宫殿、太庙、太社稷、万岁山、太液池、十王府、皇太孙府、五府六部衙门、钟鼓楼，同时将南城墙南移0.8千米，以修建皇城。1421年（永乐十九年）正式迁都北京。此后又在北京南郊修建了天地坛和山川先农坛。

1436年至1445年，明英宗又对北京城进行了第二次增建，主要工程包括：将城墙内侧用砖包砌；开挖太液池南海；建九门城楼、瓮城和箭楼；城池四角建角楼；城门外各立牌坊一座；护城河上的木桥全部改为石桥，桥下设水闸，河岸用砖石建造驳岸。整修之后的京城周长22.5千米，形成了极其坚固的城防体系。在京城远郊建设了皇陵以及昌平城、拱极城和内长城等防御设施。

北京城建成后，曾多次面临蒙古瓦剌部的入侵，成化年间曾提出在京城外加筑外城的建议。直到嘉靖九年（1530年）开始修筑外城，最初规划的外城长35千米，东西8.5千米，南北9千米，设城门11座、敌台176座，西直门外和通惠河设置水闸两处，其他低洼地带设置水关八处。由于工期浩大，又因明朝用兵频繁，再加上1557年紫禁城大火灾后将财力物力集中于宫殿的重建，因此外城只完成了南部建设就与内城草草连接，之后一直没有再筑。1564年增筑外城各城门的瓮城。嘉靖初年还在四郊新建了圜丘坛、方泽坛、朝日坛、夕月坛。由此形成的北京城市布局一直延续了400多年。

永乐皇帝正式迁都北京后，贯穿南北的大运河已经疏通，全国各地的商品和物资源源不断地输往北京，农业、手工业生产技术在这里得到广泛的交流，北京的经济、文化有了显著的发展。由于有庞大的贵族消费群体，以及首都的功能定位，北京成了当时全国最大的消费城市。

《永乐大典》的编修造就了中国典籍史的巅峰；郑和下西洋沟通了海上丝绸之路，扩大了对外交往。随着城市交通发达、农产品的商品化和手工业的发达，在全国已形成庞大的商业网络，北京也成为当时全国最大的商业城市。

明朝末年，中原灾荒严重，社会阶级矛盾极度尖锐，各地农民纷纷起义，以李自成为首的农民起义军提出"均田免赋"等口号，获得广大人民的欢迎。1644年李自成建国大顺，3月，李自成率军北伐攻陷大同、宣府、居庸关，最后攻克北京。崇祯帝在煤山自缢，明朝作为统一国家结束。

第八节 清朝

清朝历史，从1616年清太祖努尔哈赤建立后金算起，到1912年宣统帝下诏退位为止，共296年。

1616年，努尔哈赤在赫图阿拉建立后金，脱离了明朝的统治。1636年，皇太极在沈阳改国号为大清，正式开始了灭明的战争。1644年5月，李自成攻克北京后，山海关总兵吴三桂以为明帝报仇为名引清军入关，顺治元年（1644年）十月初一，顺治帝御皇极门，昭示天下"定鼎燕京"。至顺治十八年（1661年）清朝基本占领明朝全部领地，并册封三藩。

1662年，康熙帝登基即位，年号康熙，是为清圣祖。康熙皇帝是我国历史上著名的皇帝之一，他在位的六十一年是清朝发展最快的一段时期。康熙之后，继雍正帝即位的乾隆帝也是清朝历史上的一位明主。他在位的六十年是清朝的又一快速发展时期。乾隆皇帝在其父雍正的统治基础上，进一步发展经济，国力更加昌盛；加强了同蒙、回等少数民族的联系，稳定了清朝对外族的统治。清康熙、雍正、乾隆三代皇帝统治的时期，社会稳定，人民的生活有了很大的提高，大清帝国达到了有史以来的鼎盛阶段，史称"康乾盛世"。

清朝入主中原定鼎北京后，完全继承了明代的北京城，没有对北京城大的结构进行改动，只是陆续重修和增建了一些殿宇，如对承天门的改建，后改称天安门；增建景山上的五座亭子；在紫禁城中增建一些建筑，如雨花阁、宁寿宫等。清朝入主北京后，以皇城为核心，将内城划为八旗驻地，实行满汉分治，将市集等驱出内城，而在外城的前门地区形成商业街区和文化街区。

清朝统一中国后，国家安定，经济发展。其统治的二百余年间，在北京西北郊大规模营造皇家园林，以"三山五园"为典型代表（三山为香山、玉泉山、万寿山，五园为静宜园、静明园、清漪园、畅春园、圆明园），清朝的统治者不仅在这里欣赏山水胜景，还在其中处理朝政。清朝在北京园林建筑上的成就为世人注目，代表了中国古典园林的最高水平。

1860年第二次鸦片战争，英法联军攻入北京，火烧圆明园、洗劫皇宫并损毁大量宫殿建筑。

1900年八国联军攻入北京，进一步损毁京西园林建筑。

第九节　民国

1911年辛亥革命爆发，推翻了清王朝的统治，1912年2月，隆裕皇太后在紫禁城养心殿代签了清帝退位诏书，同年，中华民国建立，袁世凯在故宫太和殿就任民国大总统。

北京城原有的封建帝都的传统格局，随着近代工商业和交通运输业的发展也在发生着深刻的变化。

皇家宫殿和园林相继开放。1914年故宫外朝部分成立了古物陈列所，昔日的皇家宫殿首次对公众开放；1914年社稷坛改为中央公园，后为纪念孙中山先生又更名为中山公园；1916年先农坛改为城南公园，1918年天坛开放；1924年颐和园辟为公园、太庙改为和平公园；1925年方泽坛改为京兆公园，同年故宫博物院成立，北海辟为公园；1929年中海、南海陆续开放。

市内交通干道依次打通。民国初年首先在皇城内打通南、北池子，南、北长街两条南北通道；1913年拆除中华门内千步廊和东西三座门里两侧的宫墙，打通了天街；开辟紫禁城与景山之间的道路；1923年开始拆除皇城城墙，1924年拆除内城前门至宣武门城墙，开和平门，修新华街；日伪时期在东西内城墙上开启明门、长安门，抗战后改名为建国门、复兴门。

根据1901年《辛丑条约》，洋人在东交民巷建立使馆，外国人在其中享有特权，使馆区的范围东至崇文门大街，西至兵部街，南至内城城墙，北至东长安街以北。

这一时期，在崇洋思想的影响下，北京出现了一批中西合璧的洋式建筑，如20世纪初建造的海军部、陆军部、迎宾馆，民国以后修建的国会会场、前门邮局、协和医院、劝业场，1915年修建的北京饭店，1918年修建的北大红楼，1909—1929年修建的清华学堂教学楼、图书馆、大礼堂等，1933年修建的北京交通银行，这些西式建筑和外国侵略者兴建的教堂、使馆等建筑，极大地改变了北京旧城的建筑面貌和传统风格。

鸦片战争后，列强为了在中国争夺势力范围，加强掠夺，争相在中国修筑铁路、兴办轮船航运、公路汽车、民用航空等现代交通运输事业，清廷的洋务派和官僚、买办和民族资产阶级也积极配合，相继投资，北京的公共交通在这一历史背景下创始和发展起来。1895年北京也是全国出现了最早的火车，这段天津到北京的火车于1907年全线通车。1905—1909年建成京张铁路，1906年京汉铁路通车，并在正阳门东西两侧修筑了京奉铁路火车站和京汉铁路火车站。

第三章
北京旅游简史

旅游,在我国有着悠久的历史,形式也多种多样,名称大都被历代文人墨客用诗文记录下来,流传至今。旅游的名称在不同的时代和社会背景条件下有着不同的变化,曾先后出现过周游、优游、神游、宦游、旅行等名称。

北京古代旅游活动中有大量被后人熟知的人物,在北京 3000 多年的城市历史中,曾经产生了明永乐帝、清康熙帝、清乾隆帝等帝王旅行家,也曾产生过郦道元等学术旅行家;张飞、徐达等军事旅行家;卢植、陈子昂、高适等文人旅行家;静琬法师、丘处机、张留孙、马可·波罗等宗教旅行家。他们的事迹大多成为中国文化发展史上动人的篇章。

北京地区的旅游大致可分为古代旅游、近代旅游和现代旅游两个阶段,古代旅游从商周到清朝后期第一次鸦片战争时期;近现代旅游从 1840 年至 1949 年中华人民共和国成立后。

第一节　北京古代旅游

北京古代旅游活动丰富多彩,分为如下类型:帝王巡游,文人漫游,科学考察游，宗教巡礼游，外交文化游，百姓节庆游，学子求仕游，商业求利游等。

一、帝王巡游

帝王巡视旅游，是中国古代旅游的重要现象，他们旅游的条件是最好的、最高级的，其目的或为巡视各地、或为封禅拜祭，是以巩固政权为目的的旅行活动。帝王在巡视或微服的同时也兼游山玩水，瞻仰前代帝王或名人遗迹。帝王旅行历史悠久，传说中的黄帝和尧、舜、禹，在巡视各地或治水等时都兼游览过名山胜水，而其中大禹又可以称为中国的第一位大旅行家。

隋代的隋炀帝曾借大运河之便，南下扬州；清代的康熙帝和乾隆帝都曾六下江南，对巩固国家、发展江南经济起到较好的推动作用。

周代有三位天子喜欢旅游，周昭王（武王曾孙）、周宣公和周穆王。其中周穆王（昭王之子）的旅游是周代天子巡游的代表与典型，在我国古代旅游史上占重要地位，至今流传的《穆天子传》，为我国最早的游记。同时穆王西巡，远达波斯（伊朗），是中国通往西方道路的最早开辟者，在客观上起了文化交流的作用。周穆王是古代的一位皇帝旅行家。

秦汉时，皇帝的巡游，以秦始皇与汉武帝的巡游规模最具代表性，他们的主要目的是为了巩固统一国家的政权，同时也兼有游山玩水的享乐目的。秦始皇在位11年，先后5次巡游，周游全国，可以说是政治性的旅游，最后病死于途中（河北沙邱平台县）。作为帝王旅游，其气势自然浩浩荡荡，不同凡响。他修驰道，建行宫，配置系列工程。同时，寻访古迹也是内容之一。如他曾到泰山举行祭天地的封禅仪式，并在泰山之顶立"泰山刻石"歌功颂德；秦始皇为求长生不老仙术还曾到达渤海周边的山东荣城和河北秦皇岛。

清康熙帝和乾隆帝六下江南，数十次木兰围猎，赴关外祭祖、谒陵等活动，对清朝的巩固和发展起到了重要作用，成为后世的美谈。

二、文人漫游

文人学士的漫游山水，大致分为两种形式。一是以贾岛为代表的游山玩水，他们在欣赏祖国名山胜水的同时写了大量山水纪文留诸人间。二是以陈子昂、高适、王之涣为代表的诗人，他们隐居于幽州，写下大量反映幽州风貌、记录他们在幽州生活的诗篇。

三、科学考察游

古代许多著名的科学家在撰写有关著作时，都十分注重实际调查，积累了丰富的相关资料，同时足迹也遍及祖国的大好山河。主要代表人物有郦道元等。

郦道元（466—527年），字善长，北魏范阳涿县（今河北涿州市）人。他从小随父赴任，旅居山东，爱好游览，留心观察河流渠道的源流分布。他当过平城（北魏首都，今山西大同）和洛阳的中央官吏；又做过冀州（今河北冀县）镇东府长史、鲁阳（河南鲁山县）太守、东荆州（河南唐河县）刺史、河南（今洛阳）尹等，几乎走遍了今山东、山西、河北、河南等地。孝文帝巡视，他又作为皇帝侍从随行，多次旅行全国各地。他在各地之时，常留心考察山河、水利工程、火山与温泉等水文地理与河流地理内容，并广泛涉猎与研究前人的地理著作。晚年罢官后，全身心投入《水经注》的写作。《水经注》全书约30万字40卷，记载大小河流1252条（原书137条），比原书扩大了近十倍，因水记山，因地记事，探索河道源流、变迁及风土人情、经济生活和前代史迹。

四、宗教巡礼游

宗教旅行主要包括两方面的内容：一是外地学者来中原、长江流域传教，二是中土教徒外出取经、传法、学习。佛教旅游多指以求法、取经、翻译佛经等为目的的旅游活动，道家旅行多以传法、学习为主。

静琬法师（？—639年），隋代僧人。亦作净琬、智苑、知苑。鉴于北周武帝毁佛破坏佛经，受北齐沙门慧思的影响，遂发愿将佛经刻石以保存于世。隋大业年间（605—617年），居于幽州智泉山，在白带山壁上凿石刻石经；其后，法徒代代相传，形成风气，乃刻成部数浩繁之房山石经。自隋迄辽，所刻石经总数是石碑2730条，经文910卷。刻经是一种枯淡、迟缓的事业，然而经过静琬的肇始，五代法嗣的绍承，加上辽朝的赓续其业，居然完成了将近千卷的石经。其事不只显示一件集体工作的成就，而且更显示出佛教徒坚忍持恒的护法精神。

丘处机（1148—1227年），字通密，道号长春子，登州栖霞（今属山东省）人，道教主流全真道掌教、真人、思想家、政治家、文学家、养生学家和医药学家。丘处机为南宋、金朝、蒙古帝国统治者以及广大人民群众所共同敬重，并因以74岁高龄而远赴西域，行程17 500千米，劝说成吉思汗止杀爱民而闻名世界。

在与成吉思汗会见中，丘处机针对成吉思汗希冀长生之心理，要他将追求成仙与行善结合起来，劝告成吉思汗，养生之道重在"内固精神，外修阴德"。内固精神就是不要四处征伐，外修阴德就是要去暴止杀。丘处机首先赞扬了成吉思汗起兵灭西夏和金是符合天意民心的，迎合了这位大汗的心理，然后劝其务须禁止残暴杀戮，才能使事业最后成功。他还宣传济世安民思想，为恢复和发展中原地区社会经济、救济贫困百姓、安定社会秩序做出了贡献。

马可·波罗（1254—1324年），世界著名的旅行家、商人。1254年生于意大利威尼斯一个商人家庭。他的父亲尼科洛和叔叔马泰奥都是威尼斯商人。马可·波罗17岁时跟随父亲和叔叔，途经中东，历时四年多来到中国，在中国游历了17年。回国后出了一本《马可·波罗游记》（又名《马可·波罗行纪》《东方闻见录》）。记述了他在东方最富有的国家——中国的见闻，激起了欧洲人对东方的热烈向往，对以后新航路的开辟产生了巨大的影响。同时，西方地理学家还根据书中的描述，绘制了早期的"世界地图"。在他的游记中有大量的篇幅描绘当时的元帝国首都——元大都（当时称汗八里）。

利玛窦（1552—1610年），号西泰，又号清泰、西江，意大利的天主教耶稣会传教士、学者。明朝万历年间来到中国传教。其原名中文直译为玛提欧·利奇，利玛窦是他的中文名字。王应麟所撰《利子碑记》上说："万历庚辰有泰西儒士利玛窦，号西泰，友辈数人，航海九万里，观光中国。"利玛窦是天主教在中国传教的最早开拓者之一，也是第一位阅读中国文学并对中国典籍进行钻研的西方学者。他通过"西方僧侣"的身份，"汉语著述"的方式传播天主教教义，并广交中国官员和社会名流，传播西方天文、数学、地理等科学技术知识。他的著述不仅对中西交流做出了重要贡献，对日本和朝鲜半岛上的国家认识西方文明也产生了重要影响。

五、外交文化游

明朝郑和从永乐三年（1405年）至宣德五年（1430年）率领庞大舰队七下西洋（当时以南洋群岛的婆罗洲为分界线，婆罗洲以西的南中国海、印度洋等处于"西洋")。这是封建社会时期航海史上一次最大的创举。舰队之庞大(大小海船 200 余艘)、人数之众多(2.7 万余人)、路途之遥远(行程 5 万余千米)、访问国之多,都是举世无双的。船队从江苏太仓市刘家港出发,经过占城(越南南郡)、爪哇(印尼),穿越马六甲海峡到锡兰(斯里兰卡)、孟加拉国、印度南部、波斯湾的忽鲁漠斯(霍尔木兹)、红海港口的阿丹(亚丁)以及非洲东部沿海及赤道以北的一些国家。这次远航比哥伦布到达美洲早 87 年,比麦哲伦完成环球一周航行早 103 年,比达·伽马航行非洲好望角到南印度早 80 年。

六、百姓节庆游

在中国各族人民生活习俗和节会喜庆中,春节庙会、元宵灯市、清明踏青、端午竞舟、中秋赏月、重阳登高等是较为流行的游览方式。

春节庙会。其内容是丰富多彩的,主要有舞狮子、耍龙灯、踩高跷、逛花市等。如舞狮子,每当"爆竹声中一岁除"之时,舞狮活动便伴随着送暖的春风和欢乐的锣鼓出现在城镇乡村,为一年一度的新春佳节增添了喜庆气氛。唐代诗人白居易在《西凉使》诗中云:假面胡人假狮子,刻木为头丝作尾,金镀眼睛银贴齿,奋起毛衣摆双耳。两人合扮一头大狮,一人扮作一头小狮,另一人扮作武士。当武士拿绣环引诱、踢打狮子时,狮子便随着鼓点演出各种各样的舞姿:忽而翘首翘望,忽而回头凝视,忽而匍匐在地,忽而奋力跃起,忽而张牙舞爪,忽而摇头摆尾,忽而舐毛洗耳,忽而朝拜翻滚,千姿百态,令人称奇。

元宵灯市。是夜,张灯结彩,吃元宵,猜灯谜,表演戏曲和杂耍技艺,这是西汉之后世代沿袭的民间习俗。《东京梦华录》云:正月十五日元宵,大内前自岁前至冬至后,开封府绞缚山棚,立木正对宣德楼,游人已集御街，两廊下奇术异能。歌舞百戏，鳞鳞相切，乐声嘈杂十余里。北宋词人辛弃疾对元宵之夜繁华熙攘的赏灯景象做过惟妙惟肖的描绘。他在《元夕》词中云：东风夜放花千树，更吹落，星如雨。宝马雕车香满路，凤箫声动，玉壶光转，一夜鱼龙舞。蛾儿雪柳黄金缕，笑语盈盈暗香去。众里寻他千百度，蓦然回首，那人却在，灯火阑珊处。

清明踏青。时逢三月，春回大地，万象更新，气候宜人。人们竞相到郊外去，拖暮方归。唐代诗人杜甫在《清明诗》中云：著处繁花务是日，长沙千人万人出。渡头翠柳艳明眉，争道朱蹄骄啮膝。清明踏青之风盛行于宋时，宋周密在《武林旧亭》中记述了杭州清明踏青的事：是时，城中士女"接踵联肩，翩翩游赏，画船箫鼓，终日不绝"。北宋著名画家张择端的风俗画《清明上河图》，极其生动地描绘出开封城外以汴河为中心的清明时节的热闹情景。

端午竞舟。古代吴越民族（一个以龙为图腾的民族）举行一次图腾祭的节日。该民族有断发文身的习俗。每年五月初五，举行一次图腾祭，把各种食物装在竹筒里或裹在树叶里扔到水里供图腾龙吃；且伴着鼓声，划着刻画成龙形的独木舟，在水面上做竞渡游戏，给图腾和自己带来乐趣。端午竞舟即来自此。后来人们把这一习俗与纪念屈原联系一起，使其更有深远意义。人们悼念屈原，"羡其清高，嘉其文采，哀其不遇，而怒其志"（王逸《离骚章句》），以激励中华民族传统的爱国主义精神。这种习俗在北方地区也有发展。

中秋赏月。中秋之夜，皓月当空，清辉洒地。千家万户围坐在庭院、楼台、地坪赏月，与月共享月饼、花生等礼品；且吟诗作对，感受天伦，讲述"嫦娥奔月""吴刚伐桂""玉兔捣药"等神话故事。中秋赏月盛于宋时，宋词对之多有描绘，苏东坡《水调歌头》词云：明月几时有？把酒问青天。不知天上宫阙，今夕是何年。我欲乘风归去，又恐琼楼玉宇，高处不胜寒。起舞弄清影，何似在人间。转朱阁，低绮户，照无眠。不应有恨，何事长向别时圆？人有悲欢离合，月有阴晴圆缺，此事古难全。但愿人长久，千里共婵娟。

重阳登高。九九重阳，金秋送爽，风霜高洁，丹桂飘香。此时，好高望远，赏菊赋诗，别有一番情趣。当人们置身高处，极目远眺时，那漫山遍野的山花，金黄的果实；那晨光熹微的拂晓，夕阳如火的黄昏……尽收眼底。面对祖国锦绣河山，怎不令人心旷神怡、如痴如醉？历代诗人骚客以重阳为题，留下了许多名篇佳句，唐代诗人王维《九月九日忆山东兄弟》诗云：独在异乡为异客，每逢佳节倍思亲。遥知兄弟登高处，遍插茱萸少一人。杜甫在《九日》诗中云：去年登高郪县北，今日重在涪江滨。苦遭白发不相放，羞见黄花无数新。刘禹锡《九日登高》诗中云：世路山河险，君门烟露深。年年上高处，未省不伤心。

七、学子求仕游

北京自金代 1153 年建都中都起，成为独立王朝的首都，至今已经有 860 余年的建都历史，其间经历了金、元、明、清四个封建朝代，而古代国家选拔人才的一个重要途径是科举取士，发端于隋代的科举制度在这几个朝代不同程度地受到推崇和发展，现存北京孔庙中保存的 198 幢元、明、清三代进士提名碑上五万多名贡士的资料就是鲜明的证据。在古代，读书人在儒家思想的影响和熏陶下，千军万马走上科举这一条路，多少人穷极一生只为个前途和功名。作为国家首都的北京则是本地区乡试、全国会试和最高等级考试——殿试的场所，每年都会迎来大批的读书人不远百里、千里进京赶考，他们来到北京，投身同乡会、会馆或旅馆客栈，在考取功名的同时，也会游历沿途、北京及周边风景。

八、商业求利游

这种旅游与北京地区商业、贸易的发展紧密联系。由于北京是数个王朝的首都，北京的城市发展和对外交往历来走在全国乃至世界的前列。无论是城市的基本属性，还是首都高层次消费群体的需求，以及传统文化对北京商业、贸易的熏染，都促进了北京商业、贸易和对外交往的巨大发展。从秦代修建的驰道，隋唐开发的大运河，到宋代开发的海上商道，无不给商业和物流的发展提供了便捷的交通保障。大量成熟的商人从全国各地汇集到北京，在北京开店经商、坐买坐卖，全国各地好的物产经过商人的传递，以各种方式输送到北京，满足这不同消费者的需求，也铸造了一座宏伟的城市。奔波于各自商道的商人们为这座城市的发展默默地添砖加瓦。

九、北京古代旅游的特点

（1）旅游属于少数人的个人活动。游者范围主要有帝王、贵族、官僚、地主等人及其附庸士大夫阶层。平民百姓仅在佳庆节日到近地出游，如踏青、赶庙会等。

（2）国内旅行家多以学术考察旅行为主，是在古代"读万卷书，行万里路"的思想影响下进行的。

（3）古代旅游活动都和当时的社会政治、经济、文化的发展密切相关。当社会处于安定、强盛的时候，旅游活动就特别活跃，反之，便一蹶不振。因此，不同的历史时期，旅游具有不同的时代内容和特点。

（4）国际旅游以政治交往（如互派使者）、宗教求法和经商贸易等形式为主。游程比较艰险，历时比较长。游历的成果多以游记、见闻等题材出现。

（5）旅游基本上停留在旅行的阶段，与以获得经济收入为目的的旅游业有本质的不同。但是某些私立旅馆业和观光业，已具有初级旅游业的雏形。

（6）古代旅游活动融入大量浓郁的传统文化色彩。

第二节　北京近现代旅游

北京近现代旅游的时间为 1840 年第一次鸦片战争至 1949 年中华人民共和国成立后，这一时期经历了清朝末年国家被列强侵略、划分沦为半封建半殖民地的社会、清朝灭亡、建立共和的民国、军阀混战、抗日战争、解放战争和新中国的建立几个不同的阶段。出现了具有现代意义的旅游及旅游业，从萌芽初期到慢慢地起步。由于社会的动荡，旅游依然是少数人的专利，广大的劳动人民生活在水深火热之中，疲于奔命，更无暇谈及旅游。

这一时期的旅游主要分为如下几种类型：军旅旅行、商业旅行、百姓节庆游、对外交往游等。

一、军旅旅行

中国的近代历史是天下大乱、军阀混战、民不聊生的时代，北京自清末到 1949 年中华人民共和国成立经历了北洋军阀统治时期、南京国民政府统治时期、日伪政权统治时期、南京国民政府恢复统治时期，在此期间，政权数度更迭，政局混乱，社会动荡，军队调防频繁，大量的军队今天开来，明天开走。抗战时期，北京为日本统治，大量日军驻扎在北京，并以北京为枢纽，源源不断地向华北、江南输送兵员。

二、商业旅行

北京地区的商业旅行是伴随着北京城市发展变迁，以及北京商业自身的繁荣发展的大背景条件下发展起来的。由于北京的首都定位，使北京成为历史上最大的消费城市，全国各地的物资通过商贸渠道源源不断地输送到北京。历史上北京商业的发展，是顺应历史潮流，受到政治、经济、文化、军事等多方面因素共同作用。在众多影响因素中，首都城市的发展、生产力水平的变化、交通枢纽的地位、各地区文化的融合对北京商业的发展更具影响力。

北京地区目前保存的数百家商业老字号中，起始年代最早的可追溯到明代早期，多数商家的经营者来自北京以外地区，同时，由于北京是全国的交通枢纽，陆路辐射全国，海上商道畅通，在南北货物的交流、中原与边远地区的经济联系等方面发挥了重要作用，加之大运河漕运之便使其成为连通华中、华南地区的大动脉。商道的发展带动了货物的流动，同时也带动了人员的流动。

1932年北京出现第一家旅游公司，开发了城内一日游、郊区一日游和周边数日游等项目，对北京社会经济的进步起到极大的推动作用。

三、百姓节庆游

近代的下层社会成员，有着自己特定的旅游方式及风俗。受传统思想影响，古语云：父母在，不远游，游必有方。再加上受古代意识里的旅行遇怪、遇险等观念的影响，因此近游方式相对较多。传统的旅游活动有踏青、端午节划龙舟、重阳节登高等。踏青亦即春游。农历五月五日端午节划龙舟是中国传统的游玩活动。每到这天，乡民齐集，观看龙舟赛之盛况。龙舟赛有其竞赛规划，每舟数十人，居中者依节奏敲击大鼓，为参赛人员鼓劲，看何队先达取胜。同时，两岸观众呐喊助威，为自己支持的对象加油。这表明，龙舟大赛是中国传统文化中参与性很强的特殊民俗。重阳登高。其时风轻云淡，秋高气爽，漫山红遍，层林尽染，可谓出户登山、观天瞰地的大好时节。

从上述各类旅游文化现象可以看出，传统的旅游风俗具有稳健内敛的特征。一方面，古代不擅离家远游而善择近出游，因而少有冒险色彩，缺乏开拓精神；另一方面重视内陆旅游，排斥航海旅游。在旅游过程中，虽是注重山水的自然特征，可更多追求的是人与自然相互交融的境界，从一定程度上反映了中国古代天人合一的哲学观。诚然，具有这些特征的旅游风俗曾经创造过中国传统旅游文化的辉煌。但是，当世界从陆地走向海洋的转折时代一旦来临，其稳健内敛的特征就逐步蜕变成了保守和落后，不仅限制了中国古代旅游资源的开发和建设，而且对中国旅游文化的发展带来了消极影响。

四、对外交往游

庚子事变后，根据《辛丑条约》的约定，西方列强在北京东交民巷开辟了使馆，之后在北京城中陆续出现了西洋的饭店、邮局、医院、银行等近现代企业，大量的外国人来到北京，他们以各种身份活跃在北京的历史舞台上。

从第一次鸦片战争以后，中国兴起洋务运动，中国人也开始注重学习和吸收西方的先进思想、文化、军事，大批有识之士投身事业救国、医学救国等，前往西方国家学习先进技术。政府也主动或被动地派出一部分国人赴国外交流、学习。

五、近现代旅游与古代旅游的差异

（1）交通工具的变化，出现近代现代化交通工具，如火车、轮船、飞机。

（2）住宿方式的变化，西方近代酒店业在北京出现，并成为主流标志。

（3）出现专门为游客服务的旅游中介机构——旅行社和导游服务人员。

（4）旅游资源愈加丰富，众多皇家宫殿、园林、陵寝、庙宇对公众开放。

（5）服务对象发生变化。

（6）人们的旅游消费观发生了根本变化。

第四章
北京文化旅游资源开发利用现状分析

第一节 北京自然和人文历史资源概述

一、自然资源

自然资源存在于自然界，是天然产生的，后来经由一定的技术改造后，被人们所利用并产生经济的价值，改善人类的生活质量，像水、土地、生物、能量和矿物等。对于北京自然资源的分析，将从水资源、土地资源、能源资源、环境资源和社会资源五大种类进行分析。

1. 水资源

北京属于海河流域的范围，但是在流经的范围内没有大江大河，只能依靠地下水、地表水、再生水和南水北调四个方面获取水源。北京水资源严重不足。根据2011年北京水资源公报，当年的北京市水资源总量为26.81亿立方米，其中9.17亿立方米的地表水，地下水17.64亿立方米，按照那时常住人口2019万人进行剖析，人均占有水资源仅仅为132.81立方米，比国际上公布的人均占有水资源量要低很多，属于重度缺水。该指标也远低于2011年全国人均水资源占有量（1730.4立方米）。

第四章 北京文化旅游资源开发利用现状分析

2. 土地资源

土地资源作为城市建设和发展的空间依靠，给居住在城里的人们生活、工作和居住等方面提供到了必需的空间资源支持。随着近年来北京经济的高速发展，北京逐渐成为中国人口高度集中和经济活动的主要聚集地，用地的规模也在不断扩充当中。但是土地资源是不能再生的，且具有有限制性和不可移动性，直接决定了城市土地资源的供给能力，从而影响城市能够承载的人口数量。

依照 2012 年北京年鉴资料统计，现有土地资源为 16 410.54 平方千米，其中建筑建设用地面积 3377.15 平方千米、农用耕地面积 2073.58 平方千米、未利用土地面积 10 959.81 平方千米，占全市土地面积比重分别为 20%、67% 和 13%。有效的土地不但要满足"吃饭"，还得满足"建设"，必将带来供求之间的矛盾。

3. 能源资源

北京能源相对比较匮乏，但是消耗量很大，供需矛盾极为突出。目前能源消耗主要是由外来省市进行调入。随着能源需求的进一步增大，未来可能面临内部资源匮乏和外部资源相互竞争之间的双重考验。能源缺乏，已经在一定程度上制约了北京经济的发展。

北京本地能源资源严重不足，且同时还受到环境污染的困扰，导致能源再生的能力受到限制，所以北京市能源生产总体上处在低速增长的状况下，自给率低。2011 年，全市能源的生产总量为 3691.1 万吨标准煤，比 1990 年增加了 36.7%，但是年平均增长率只有 1.7%。2011 年能源消费总量达 6995.4 万吨标准煤，能源生产占消费比重下降到 53%。该数据表明，北京市能源生产和能源消费之间的差距日益增大。

由于北京市本身能源资源有限，经济发展所需能源绝大多数依靠外部调入，能源对外依赖程度较高，同时，每年都有大量的外来人口涌入北京，而北京的生活水平也在不断提高，加速了人们对能源的消费需求，给原本竞争激烈的外部能源供应带来更大压力，尤其是生活用能，更不可轻视。由于经济发展水平和人口规模等因素也会影响能源消费，所以，还应该结合人均能耗水平、单位产值能耗等能源消费强度指标来分析北京的能源消费现状。人均能源消费量反映出一个国家或地区经济发展水平和人民生活水平的高低。北京人口众多，能源消费总量巨大，由于北京产业结构偏重第三产业，所以人均能耗相对一些工业发达地区（如上海、天津等）较低。1990 年以来，北京人均能耗和人均生活能耗都在稳步上升，并且生活能源消费的平均增速高于能耗总量和常住人口的增速，其原因主要是人均住房面积的提高。

4. 环境资源

和人类生存及发展密切相关，并客观存在于自然界或在一定技术条件下，经过人工改造后的自然因素的总体定义为环境资源。高密度的人口通过高强度的经济活动和资源利用对环境施加更大的压力。目前，北京城市环境问题比较严重，承载的人口严重影响了生态环境的质量。首先是空气质量。近年来北京市通过大力整治，大气中主要污染物浓度均有不同程度的下降，空气质量有所改善，但是很多环境指标仍未达到国家标准，有些指标在全国排名甚至比较靠后。2011 年，北京市大气中可吸入颗粒物和二氧化氮在全国排倒数第四，空气质量 2 级以上的天数排在倒数第三，略好于兰州和乌鲁木齐。其次是水环境资源。近年来，优质水资源持续减少，水污染程度加重，随着城市化进程加快，生活污水排放量迅速增长，2011 年已经超过工业污染，成为污水的首要来源。从统计数据看，2011 年生活垃圾日产生量为 17 379 吨 / 日，而生活垃圾无害化处理能力是 16 930 吨 /

日,垃圾处理能力依然无法满足实际需求。因此,在目前环境治理能力提高缓慢,常住人口每年快速增长的情况下,北京市的水、空气、固体废物等环境面临巨大的压力和挑战。可以说,当前所承载的人口,实际上是以牺牲环境质量为代价的。

5. 社会资源

社会资源,指为了应对需要,满足需求,所有能提供而足以转化为具体服务内涵的客体。对于北京社会资源现状,主要对城市设施进行分析。城市设施规模在很大程度上取决于城市的经济实力,如果有足够强的经济实力,就有相应的能力去提高基础设施的承载能力,从而增强整个城市的人口承载力。城市设施中与人们生活息息相关的主要有交通设施、商业服务设施和教育医疗设施等。在北京经济全面发展的环境下,基础设施建设也得到了迅速发展,但由于北京人口的快速增长,在一定程度上限制了城市基础设施的承载力,特别是北京上下班高峰带来的交通压力已经相当严重。以道路为例,北京市人均道路面积一直处于低水平状态。1990—2011年人均道路面积由2.67平方米上升到4.54平方米,年均增速仅为3.19%,与此同时,城市交通量的年均增速为20%。据北京交通发展研究中心数据显示,每日在二环内行驶的机动车达到了91.5万辆,每日全市27.6%的上路机动车要到二环内出行,而该区段的道路长度仅占全市总长度的26%,所以中心城区的压力较大。北京市公共服务资源总量居全国前列。以医疗卫生公共资源为例,北京的医疗资源拥有量和医疗机构的服务提供能力都远高于全国其他城市的平均水平。2011年,北京每千人拥有7.4张医疗卫生机构床位数,全国排名第二,仅次于上海的7.6张。但是,北京的优质资源过度集中,使得中心城区人口规模增大,这样反而会降低北京市公共医疗资源的承载能力。同样,北京的教育资源也面临着中心城区过度集中的问题。并且,随着城市化发展,部分农村和医疗需求会向城区转移,这也会进一步增加城市社会资源的压力,降低社会资源的人口承载力。

  结合以上分析得出,北京市水资源和土地资源已达到或接近本地资源潜力极限,能源面临着内部需求增大和外部能源竞争的双重压力;经济资源的人口承载还有一定的潜力,但是未来就业对人口承载力的贡献潜力也很有限;城市基础设施建设发展迅速,但由于北京人口的快速增长,在一定程度上限制了城市基础设施的承载力,特别是北京上下班高峰带来的交通压力已经相当严重;高密度的人口通过高强度的经济活动和资源利用对环境施加了更大的压力。北京是一个消耗高,利用效率低,城市发展受到资源严重约束的资源短缺性城市,故而作为首都的北京,以后未来的发展方向,偏重于"高速、轻型、低耗、少污染"的经济模式和"高效、高端、高辐射"产业模式。但同时因为人口的增多,传统能源难以支撑北京的高速发展,必须开发新兴能源进行支持,以符合首都经济发展的特点。随着经济的发展和人们生活水平的提高,对能源消费的需求还会增大。当然随着人口的增加势必导致生活能耗增加,因此降耗的一个有效措施就是降低人口数量。

二、人文历史资源

  北京有3000多年的建城史、800余年的建都史,具有十分丰富的历史文化资源。近几十年来,经济的迅速崛起,为北京带来了更多的时尚文化元素。历史与现代辉映,沧桑与活力并存,使得北京的人文旅游具有得天独厚的优越条件。北京的人文旅游资源不仅数量众多,而且涵盖内容广泛。多元的特色文化为北京的人文旅游带来了深刻而广泛的内涵,旅游的发展则为北京的文化建设与推广带来了源源不断的活力。大力推广北京人

第四章 北京文化旅游资源开发利用现状分析

文旅游已经被作为北京各级部门关注的重点。在1993年版的北京城市总体规划中，北京被定位为"历史文化名城"，这让很多学者更加关注北京的人文旅游资源。2011年，北京市政协将"围绕加快首都转变经济发展方式开展协商议政"作为重点课题之一，并以"整合资源，打造文化旅游之都"为题，开展了重点调研。这体现了北京人文旅游在城市发展中的重要位置。同时许多学者也对北京的人文旅游资源问题进行了多角度研究。这些研究主要从旅游资源的文化内涵、区域尺度上旅游资源分析和重大历史事件的影响三个方面展开。

作为中国的首都，北京是历史文化古城，也是国家经济、政治、交通及文化的中心，集中了中国灿烂的文化艺术，有许多名胜古迹和人文景观。据史料记载，最早将北京命名为蓟，那是在公元前11世纪，是隶属于西周统治下的分封国之一。一直到春秋时期的中叶（前770—前476），蓟国被燕国吞并，迁都在蓟城，后来在前226年被强大的秦国灭亡，期间燕国的都城都是蓟城。据考古学家推测，当年的蓟城就在今北京西南部城区。其后938年，契丹人建立了在中国东北部雄踞的大辽王朝。在整个大辽时期，北京一直都是作为陪都出现。因为这座城市位于辽管辖的南部，所以称南京，又称燕京。直到12世纪，少数民族女真族将辽国灭亡，其后迁都于此，将燕京改为中都。1214年，金受到蒙古族军队进攻，被迫改迁汴京（今河南开封），第二年蒙古军占领中都。1267年，忽必烈率领蒙古族军队在中都城东北郊外建新城，四年后便在此登基。此后北京就取代了洛阳、长安、汴梁等地，成为中国政治的中心所在，并延续到明朝和清朝。

1911年辛亥革命爆发，期间中国最后一个王朝清朝灭亡，北京作为帝都的历史到此结束，在此后三十年间北京经历了许多苦难，一如连年不断的军阀混战，使得北京衰微破败，其后日本侵略军入侵，古城又一次在屈辱中苦熬十四年，直至抗战胜利国民党接手管理，却又因为统治原因，导致人民奋起反抗，一直到1949年10月1日中华人民共和国成立，才书写了北京崭新的历史。

北京虽然古老，但同时也焕发着青春，并将以雄伟、新鲜、奇丽、现代化的姿态，屹立于世界之林。

第二节　北京历史文化遗产

历史文化遗产是祖先的宝贵智慧的结晶，见证了历史发展的轨迹，是祖先留给后代的宝贵财富。独具特色的旅游文化资源，是北京旅游资源中最有特色的部分，也是非常重要的组成。其中最为有名的当数皇家文化，不但艺术价值高，情趣十足，且具备丰富的内涵。

就世界文化保护运动而言，主要经历了三个阶段的发展，其中标志分别为：雅典宪章（1931年）要求保护单体建筑、其他遗迹和构建物；威尼斯宪章（1931年）将保护重点转移在了历史建筑群、建筑环境和城市景观这三方面上；华盛顿宪章（1964年）提出了特殊保护措施，注重提高管理水平，是历史文化保护区和促进投资的重点，促进地方经济发展。

一、北京历史文化名城的重要组成部分

作为中国政治、文化、经济的交流中心，北京汇集了自元、明、清三朝数百年的文化，拥有完整的古都格局和完美的建筑，井然有序地遍布着许多宏伟的建筑群体，遍及全市的每个角落。此外，极具特色的四合院、胡同等古建筑文化，也集中反映了中国古都在建筑上的最高成就。

第四章 北京文化旅游资源开发利用现状分析

北京是世界文化遗产最多的地方，如天坛、故宫、周口店、长城等旅游景点都非常有名。此外，北京也以胡同、四合院、名人故居、园林等作为代表，彰显城市建造文化的特色，更能反映古老的中华民族文化精华和集历史辉煌于一身的伟大成就。

此外有多个朝代都在北京定都，从而给北京留下了许多十分珍贵的文化古迹。最开始人们对文化古迹的保护，都是从单个建筑物开始，近年来才逐渐认识到要连同旧城进行整体保护。北京城市总体规划中提到，将北京建成同时具备传统和现代文化相互融合的城市，呈现出高包容性和多元化的历史性世界名城。北京城市总体规划最先提出要从全体着手，整体保护旧城区的整个布局，还提出建立历史文化保护街区，并且将一部分范围和具体措施进行了规划。此后也公布了第二批历史文化保护区。

将从一个重点、三个层次来对北京进行整个保护，尤其是保护它的历史和文化，一个重点放在旧的城区，三个层次是指文物保护单位、历史文化保护区和历史文化名城。我们将北京看成是一个面，那么各个文物保护单位就是点，文化街区是连接其中的线，只有将每一个点和每一条线都尽力维护好，才能保证历史文化名城这个面得到全面保护，所以这三个部分都是不可或缺的，也是非常重要的，最后才能达到整体保护的终极目的。

隋唐时期的文物保护单位并不多见。其中在旧石器时代，就有原始人部落在周口店附近生活，也就是如今的周口店遗址。宋代以后的文物保护单位就比较常见了，主要原因是取决于北京这座城市在历史当中的地位是否重要。北京有着丰富的建城历史和建都历史。其中最早建城是在公元前11世纪的时候，那时候作为西周的一个分封国蓟。到了春秋战国的后期，蓟国被燕国所灭，之后燕国就迁都于此，并改称为蓟城，秦统一六国之后，北京便作为汉文化和北方少数民族之间交流的链接，是中原北方的门户。所以在当时的城市地位的不断提升，成为一个统一的中原王朝控制的北方军事重镇。

隋唐时期北京被称为幽州，作为军事、政治的重镇，修建得非常坚固，非常适合防守。但是遗憾的是随着时间的流逝，以前蓟城的城垣、宫殿和其他建筑物都没有保存下来。到了辽、金、元、明、清时期，北京的政治地位发生了重大转变。因为在辽朝北京成了陪都，从而进入了历史的新阶段，以前是地域性大城市的北京，转变成了全国政治中心。等到元朝的时候，北京已经正式成为全国首都，当时忽必烈任命刘秉忠主持大都城的修筑，将北京改造成举世闻名的元大都，从此北京一改过去地域性政治中心，上升为全国性的文化、政治中心，取代长安、洛阳等地，成为最重要的古都之一。

因为受到了重视，所以文物保护单位的数量急剧增多，明清两朝达到了巅峰。北京旧城区的文物保护单位大多集中在旧城的口子内城，也就是故宫附近。此外调查发现，元朝时期的文物保护单位，则在旧城的鼓楼附近，这主要是因为在元朝的时候，当时北京城的中心是积水潭东北岸的中心阁（今鼓楼附近）。明朝的时候，北京城整体往南面进行迁动，期间明成祖（朱棣）建成故宫，所以当时建造的文物单位，都以故宫为中心，十分集中。清朝的时候，基本沿用明朝北京城的规模和布局，所以仍旧以故宫为中心。据此我们可以推断出，一个城市的中心，会对整个城市的空间布局有着重要影响。

清朝以后由于厚古薄今的传统文化思想和经历年数较短，所以文物保护单位并不是很多。

二、历史文化街区

北京历史文化保护主要由文物保护单位、历史文化保护区及历史文化名城这三个方面组成。其中北京市人民政府公示的第一批文物保护单位，包括南池子、南鼓巷街和北池子大街这三大片区。这三大片区都位于旧城区内。之后又公布了第二批，包含城北、鼓巷等地区，还有清代西郊园林、焦庄户等历史保护区。

由此可见，在对历史文化保护区进行维护时，应该采取微循环的保护理念，对整个文化区进行小范围的更新，而不是从整体直接着手。要以保护文物单位作为主体，将其看成是构成文化保护区的基本支架，从而表现老北京的历史沉淀和文化涵养。雍和宫科技园区通过对高新技术和产业创意的开发，来促进高新的科技和文化产业之间的契合。

三、历史文化旅游线路

北京有很多可以用作旅游的线路。

（1）长城线路：八达岭长城、十三陵、十三陵水牛、居庸关外景、四合院、石牌坊、博览城、古神道。

（2）奥运线路：鸟巢、奥运村、王府井步行街、中南海外景、国家大剧院、颐和园、智化寺、清华北大、十里长安街。

（3）古都线路：天坛故宫、钟鼓楼、颐和园、老北京四合院、恭亲王府。

（4）文化线路：圆明园、香山、清华北大、恭亲王府、慈禧行宫。

（5）自助线路：海底世界、大观园、恭亲王府、电影城、颐和园、中央电视塔。

由此可见，旅游线路大多是文物保护单位贯穿而成，它们也是历史文化旅游线路的重要支撑点。

第三节　民俗文化旅游

北京有着非常丰富的文化旅游资源，主要包括服饰、饮食、居住、信仰禁忌及娱乐游戏等。胡同也是北京民俗文化中重要的一部分。节庆文化也是北京民俗文化旅游的特色之一。庙会作为北京最独特的节庆活动，有着很强的参与性。庙会里有着各种各样的小吃和表演，十分热闹，也可以让游客感受到民俗文化的快乐。

京城郊外各区市级、区级民俗文化总量在 10 种以上，其中北京市民俗总量 313 项。最丰富的当数京西门头沟，里面有市级的民俗 10 项，区级的民俗 20 项。

一、北京民俗文化特点

1. 京郊民俗文化具有历史传承性

民俗是一种悠久的历史传承，是文化，它具有区域或城市特点的历史，对促进民俗文化的发展起着很大的作用。北京因为有着十分丰富的人文历史，给民俗文化的发展提供了非常优越的条件。

早在石器时期的原始部落（距今 50 多万年前），生活在房山周口店附近的"北京人"就让北京进入了人们的视线当中，让民俗文化的发展随之而来。其后夏商时期到五代，北京民俗文化逐渐形成，并在辽至新中国成立之后，得到成熟发展。北京确定为都城之后，让非常有特色的"京味儿"成为核心，之后经历了千年左右的发展，形成了很有特色的历史传承，资源丰富。

2. 京郊民俗文化具有丰富多样性

纵览整个京郊民俗文化，其中包含有 37 项民间舞蹈，31 项传统手工艺技术，20 项民间文学，19 项民俗，占到了北京郊区民俗总量的七成以上。具体而言，顺义区、通州区、平谷区、密云区有 7 项；怀柔区、大兴区、门头沟区有 6 种。此外，由于各种民间音乐、传统戏剧、娱乐、民间艺术、传统体育、体育、传统医学、各种形式的民间文化交织在一起，增加了色彩和民俗文化的特征。

3. 京郊民俗文化具有多民族性

多民族性是京郊民俗最大的特色，因为历史上曾经有辽、金、元、明、清五代封建王朝，都在这里建立政权。除了明朝是汉族文化政权，其他几个朝代都是少数民族政权，因此，北京有着一千年历史的资本，加上一些民族生活。

4. 京郊民俗文化具有古朴性及乡土性

民俗旅游可以将民俗文化的特征进行展现，是地域文化的一种体现。民俗旅游是区别于其他州、地区的特征，有着鲜明的人文景观、自然风貌和风土人情。而长期在这里生活的人们，也会有独特的精神气质、行为方式和心理状态。民俗风情是民风、传统、习俗和禁忌的总和，古朴气息和乡土气息十分厚重。北京郊区附近的文化民俗，是在民间进行取材，让旅游资源保持自己原来的味道，从而以客观自然的方式来表现民间生活，乡土气极强，而且很有特色。

二、北京的民俗生活

能够体现北京郊区的民俗生活活动，通常有庙会、传统节日、花会、神灵崇拜、礼仪、饮食、居住、服饰和娱乐等方面。其中不同郊区之间的民俗文化虽有相同，但也极具特色。

1. 传统的节日民俗

传统节日可以展现历史文化的沉淀，体现民族的个性特色，也是一种民众心理的认同。利用节日期间的活动，增进社会群体之间的和谐，还能展现出古老文化的艺术。通过传统节日，可以传承饮食、民族服装、舞蹈、戏曲、音乐、文化和娱乐，是不容忽视的。传统文化遗产对民族和地域文化的保护，有着非常重要的意义。但是因为多种原因，部分节日已经逐渐开始消亡，作为濒临灭亡危险的文化遗产，应该受到保护。

历史上比较有名的传统节日在京郊大致上有：春节、中和节、元宵节、清明节（寒食节）、上巳节、下元节、重阳节、腊八、腊月二十三（过小年或祭灶）、浴佛节、端午节、七夕节、中元节、中秋节等。其中只有元宵、清明、端午、春节和重阳等至今仍对百姓生活有较大的影响。此外，还有部分信奉鬼神的节日，像寒衣节、填仓节、冬至等，会在这些传统节日当中，有着多种多样的活动和仪式。

2. 山区的庙会风俗

庙会最初是在辽代起源，被称为"上巳春游"。在之后的元、明、清三朝，庙会文化进一步兴起和发展。庙会大致上可以分为三大种类。第一类是每月定期轮流开放寺庙，后来演变成娱乐和商业市场，主要集中在城市。第二类是传统节日，或者因为佛道的祭祀活动而出现的临时庙会，像是丫髻山庙会、妙峰山庙会等。第三类是行业庙会，像是有不少行业自古就有祭祀祖师的传统，每年一次，多是在祖师诞辰的日子举行，例如门头沟九龙山庙会。

其中最为著名的当数在农历四月初一到十八举行的妙峰山庙会和丫髻山庙会。在那段时间，北京居民甚至于临近北京附近的河北几县等百姓都会长途跋涉地前往，祭拜碧霞元君。此外，其他地区也有很多特色鲜明的庙会，其中很有名的有密云白龙潭的开潭庙会、门头沟戒台寺的晾经庙会和百花山庙会等。

3. 北京山区的花会

花会也是民间歌舞的一种形式，开放的时候民众一般都会到山上上香，故而称为"香会"，或者在举行庆典的时候，都要互相走动，表示庆祝。因为都是通过走会进行表演，也被称为武会。花会在民间流传的时间很长，是民众喜闻乐见流传甚广的一种活动。参加花会是自发自愿，也不具备丝毫营利目的。郊区的花会以丫髻山和妙峰山最为盛大。其他像密云地区和延庆等地也有花会。密云福缘善会源自清代皇会，规模十分讲究。延庆花会则有二十多个品种，两百六十多个会档，而且有的郊区还会有特色的会档名目，是和其他区有差异的。像之前密云前八家庄的"蝴蝶会"，就是国家文化遗产的项目之一。花会开展的时候，一般由两类人组成，一部分是庙会的管理人员，另外一部分是专门负责表演的。其中管理人员又分为四把儿。

①钱粮把儿，专门管理会标，里面会装满走会时候需要用到的各种物品，每四挑为一会，每一挑会有一对笼子，上面用金漆作为装饰，下面点缀花卉。上面插着会旗，会旗上面串着铃铛，丁零作响。

②大车把儿，走会之后供人乘坐，此外像杠子会也会在车上进行表演。

③神堂把儿，专为准备祭神行礼时的物品，如香、烛、黄表、黄钱、千张、元宝等。

④忠和把儿，专为走会表演人员制作各种食品。

每一把都会有一个把头，此外还会有一些为走会服务的人员。以前花会的时候，会由若干户组成，朝山进香就约在一个固定的地点像西直门、德胜门集合。出发的时候，皇会（皇帝御览过执黄旗）走在最前面，之后每一档子有"把儿头"，执三角形、镶着火焰边的"拨旗"进行引路和指挥。

只要走到老辈头家宅院门口，就会将下肩带过，以"息铃"表示礼貌，恳请能够顺从通过。如果老一辈出来迎接，一定要躬身"打纤"，文场打三参儿，意为三叩首；如果老一辈没有在家，那么就只需要息铃、下肩即可。

就目前大形势进行分析，北京的旅游市场正向着多元化的方向发展，在发展过程中，非常在意民俗旅游的开发，将民俗事项作为旅游活动的主体内容。如后海老胡同、龙潭湖庙会、琉璃厂文化街、东岳庙民俗博物馆等，深受国内外游客的喜爱。民俗文化的兴起，也同时给旅游工艺品衍生带来了巨大的挑战和机遇。但是由于目前市场上很多工艺品做工粗陋，设计古板，可观赏性不足，缺乏地域特色，不能满足消费者用来纪念旅游、赠送友人或自己使用的需求，所以需要设计师在设计的时候，充分挖掘研究民俗文化，通过分析拓展思路，运用具有创意的设计手法和材料工艺，借鉴当地民俗特色，推陈出新地设计出传统和时尚相互结合的当代北京特色旅游工艺品。

第四节 红色旅游

一、概况

北京作为中国的首都，红色旅游资源实际上是非常丰富的，类型丰富，物种多，分布广泛，且承载着各个革命历史阶段，饱含传统革命精神,这给红色旅游的发展提供了广泛良好的基础。

同时北京也作为中国近代革命集中之地,集中体现了现代建设的成就。展览馆、科技馆、艺术馆和博物馆就达到了43处。此外还有反映各民族建筑特色、食品风味、全国各地土特产、文化体育成就等各种风物。

1. 数量众多

从物资形态进行判断,北京地区的红色旅游资源,大体上有革命遗址、纪念地、战场、陵墓、名人故居、纪念馆、陈列馆和博物馆,还包括一些古建筑(革命者进行革命之地,如陶然亭慈悲庵、福佑寺等)、纪念碑及馆藏陈列品等各种类型。

2. 资源分布广泛

北京不但地域宽广,而且分布着非常广泛的红色旅游资源,分布在北京所有的区当中,其中密云区、西城区、东城区排在前三位,虽然广泛分布,但同时又有一定侧重。

如在城区中心,以天安门广场为中心,结合周围建筑,形成了北京红色旅游中心区,西城和东城两个城区则分布较多的革命历史人物故居,长辛店地区有着二七大罢工的历史遗迹;丰台区则是以卢沟桥事变作为主要的抗战历史遗迹。此外,诸如门头沟区、房山区、密云区则拥有抗战相持阶段的革命遗址、烈士纪念碑和纪念地。

3. 反映的革命活动涉及各历史时期

自近代以来北京便作为国内政治斗争的重点区域,所以红色旅游资源着重反映自百日维新以来,到中华人民共和国成立前后,所有历史时期发生的重大历史事件。更因为北京作为首都,拥有中国人民革命军事博物馆、中国国家博物馆、中国人民抗日战争纪念馆等全国性的纪念馆,博物馆。通过陈列集中反映相对完整的历史阶段或相应领域。

二、红色旅游资源分类

按照不同的划分标准，对北京地区的红色旅游资源进行科学分类，有助于按不同的类目组合发展红色旅游事业。红色旅游发展规划的制订，旅游线路的设计、打造，旅游区域的划分管理，相关理论的研究等都离不开对红色旅游资源的科学分类。旅游资源按性质可分为自然旅游资源和人文旅游资源，红色旅游资源可以说是人文旅游资源的重要组成部分。按照旅游资源国家标准（GB/T 工 8972-2003）的分类体系，红色旅游资源可分为遗址遗迹、建筑与设施、人文活动 3 主类，8 亚类，1 基本类型。除此之外，目前对红色旅游资源的分类还有时间分类法、空间分类法和属性分类法等。本文以国家标准为基础，结合目前流行的其他分类方法，根据北京地区红色旅游资源的特点，按照不同的类目划分标准，将北京地区的红色旅游资源做如下归类。

1. 按文物保护级别

按文物保护级别可分为国家级、市级、区级文物保护单位和文物暂保单位及暂未列入各级文物保护单位名录的建筑或遗址。其中国家级文物保护单位可纳入红色旅游资源范畴的有北京大学红楼、天安门、人民英雄纪念碑、中南海（八十年代曾有限制的对外开放）、卢沟桥、宋庆龄故居、郭沫若故居、鲁迅故居、清陆军部海军部旧址（民国年间发生三一八惨案）、滦州起义纪念塔、孙中山先生逝世纪念地、国立蒙藏学校旧址、正阳门城楼及箭楼（北平和平解放时为解放军入城时指挥地）等。其他国家级文物保护单位中亦有部分建筑属于该范畴，如 1949 年曾进行过国共和谈的颐和园内的景福阁，碧云寺的孙中山先生纪念堂和衣冠冢，中山公园内的中山纪念堂，原京师女子师范学堂内的在三·一八惨案中牺牲的刘和珍、杨德群烈士纪念碑，原燕京大学未名湖畔的斯诺墓，日坛公园内的马骏烈士墓，圆明园遗址内的三一八烈士纪念碑，曾保存邵飘萍烈士灵柩的天宁寺塔，孙中山先生曾住院治疗的协和医院等。

市级文物保护单位有李大钊故居、军调部1946年中共代表团驻地、八路军冀热察挺进军司令部旧址等30余处。

区级文物保护单位和文物暂保单位百余处。如通州区宋庄的平津战役前线指挥部旧址，东城区的汇文中学烈士纪念碑，西城区南新华街第一实验小学内的邓颖超任教教室，密云区的古北口保卫战纪念碑，门头沟区的八路军挺进军十团团部驻地旧址，丰台区长辛店的二七烈士墓和二七罢工遗址火神庙，顺义区的位于潮白河东岸的顺义区烈士陵园，昌平区的周德纯烈士墓，延庆区的八路军平北司令部遗址等。

还有未列入各级文物保护单位的遗址，如樱桃沟内的一二·九运动纪念亭和保卫华北石刻、丰台区长辛店京汉铁路员工浴池旧址等。

2. 按不同历史时期及重大历史事件分类

北京地区自清朝末年戊戌变法以来，包括戊戌变法、辛亥革命、新文化运动与五四运动、中国共产党北方区党组织活动、二七大罢工、三·一八惨案、长城抗战、一二·九运动、卢沟桥事变、八路军平西根据地敌后抗日、解放战争、中共地下党的活动、国共和谈、北平和平解放、开国大典等，在不同的历史时期及重大历史事件中有许多可歌可泣的斗争事迹，留有许多标志性建筑或其遗迹、遗址。

北京是五四运动的发祥地，北京大学红楼保存完整，现已辟为新文化运动纪念馆。以北大红楼为中心，包括民主广场、五四大街，形成五四运动的标志性建筑组合，其他纪念地如天安门广场、陈独秀旧居、火烧赵家楼遗址、每周评论编辑部等均可纳入新文化运动与五四运动的范畴。

1923年2月中国共产党领导京汉铁路工人发动震惊中外的"二七"大罢工，在丰台区长辛店一带留有一批革命遗迹，在丰台区陈庄大街有当年长辛店京汉铁路工人浴池，长辛店大街中段的火神庙（今长辛店派出所）门前为当年军警开枪镇压工人之处，长辛店大街174号是京汉铁路工人俱乐部旧址，长辛店大街祠堂口1号是当年工人补习学校旧址，在长辛店公园内还有二七烈士葛树贵和吴祯之墓。近年在长辛店花园南里建长辛店"二七"纪念馆。

1926年，为抗议帝国主义侵略行径，发生三·一八惨案，其发生地曾先后为清海军部、陆军部和段祺瑞执政府办公地，现已成为全国文物保护单位，圆明园内的三·一八烈士纪念碑为市级文物保护单位。除此之外，还有清华大学内的韦杰三烈士纪念碑，北京大学内的张仲超、李家珍、黄克仁烈士纪念碑，北京师范大学内的烈士刘和珍、杨德群烈士纪念碑，鲁迅中学内的刘和珍、杨德群烈士纪念碑。

抗日战争时期的卢沟桥事变发生地卢沟桥及宛平城现已辟为青少年革命传统教育基地，并在宛平城内建立了中国人民抗日战争纪念馆，其他如南苑战役和南日战役遗址、赵登禹烈士和佟麟阁烈士殉国处等均可归入卢沟桥事变范畴内。其他各历史时期和历史事件中亦均有代表性的遗址与纪念地。

3. 按重要历史人物分类

许多重要的历史人物在北京期间，留有其从事革命活动及生活的场所。毛泽东20世纪20年代来京，曾先后居住于鼓楼豆腐池胡同和景山东街吉安所左巷，今分别以杨昌济故居和毛主席故居之名定为文物保护单位，毛泽东在北京大学任图书馆管理员时工作过的新闻报纸阅览室、中华人民共和国成立前毛泽东在北京郊区的住所香山双清别墅等均属于国家级文物保护单位范围之内。

鲁迅在北京期间，除曾居住于西城区宫门口西三条外，还有西城区八道湾、砖塔胡同、绍兴会馆等多处故居。

4. 按不同的物质形态

按照不同的物质形态可将红色旅游资源分为革命遗址与革命文物。其中革命遗址包括活动旧址、名人故居、陵墓、纪念碑、战场、纪念地等。活动旧址有位于西单小石虎胡同的蒙藏学校旧址、平西八路军冀热察挺进军司令部旧址等。名人故居有位于景山后街的毛泽东旧居，位于西城区宫门口和八道湾胡同的鲁迅故居，位于西城区砖塔胡同内小珠帘胡同的刘少奇故居，位于西城区文华胡同的李大钊故居，位于西城区魏染胡同的邵飘萍故居，位于西城区棉花头条的林白水故居（已拆除），位于东城区箭杆胡同的陈独秀旧居等。陵墓、纪念碑，天安门广场上有人民英雄纪念碑，香山万安公墓内有李大钊烈士陵园，陶然亭内有高君宇、石评梅墓，日坛公园内有马骏烈士墓，密云区古北口有长城抗战时古北口战役阵亡将士墓、抗日战争时期牺牲的白乙化烈士墓等。战场有平谷区的鱼子山抗日战场遗址、解放战争时期的古北口保卫战遗址、顺义区的焦庄户地道战遗址等。纪念地有三·一八惨案发生地等。

革命遗址又可分为具有双重保护意义的革命遗址与单纯革命遗址。所谓具有双重保护意义指遗址本身即为文物古迹，革命战争年代又在此从事过革命活动，如陶然亭慈悲庵始建于元代，五四运动后，觉悟社、少年中国学会等进步团体曾在此举行联席会议，毛泽东、周恩来等均曾在此活动，现辟有"五团体会议纪念室"。单纯革命遗址则多为隐于胡同或村落中的普通民居，如位于东城区东不压桥胡同的中共北平地下电台旧址即为胡同中的民居，焦庄户地道战遗址中的民兵队部等亦为村落中的民居若未与革命斗争历史相联系则仅为普通民居，无特殊保护价值，此前所述之革命伟人旧居有一部分亦属此类。

5. 按照资源所在地区

按照资源所在地区可划分为城区、近郊区、远郊区三类。其中城区包括西城区、东城区，涉及红色旅游的单体资源的数量较多，以保存程度较好的名人故居、革命活动场所、大型博物馆和纪念馆、具有双重保护意义的革命遗址等为主。

近郊区包括朝阳区、海淀区、丰台区、石景山区，以中小型专题纪念馆、烈士陵墓为主。

远郊区包括延庆、密云、平谷、顺义、昌平、怀柔、大兴、门头沟、房山、通州等区，其中抗日战争时期平西、平北敌后抗日根据地遗址、战场、纪念碑、烈士墓等占有相当比例，且涉及其中大部分区，其中密云区单体资源数量最多。

三、北京发展红色旅游的优势

1. 北京的区位优势明显

北京作为首都，聚集了众多中央党政政府机关、各类组织和各国驻华使馆，也是全国性活动、国际重大赛事和国际会议的举办地，可以用作文化交流活动的场所。同时北京也是国际性交往中心，是国际客运中转站，拥有极好的市场区位优势和极佳的旅游消费能力，外来进京人员和本地市民旅游人数近年来呈现快速增长的态势，为北京开拓休闲度假、商务会展等高端旅游市场创造了有利条件。

此外，因为随着北京经济高速发展，城市综合实力逐步提升，基础设施日趋完善，环境不断优化，开放程度不断扩大，为北京旅游行业的发展提供到了坚实的基础和持续的动力。其中更是确定了加快经济体制改革，建成国际化现代性的大都市作为主要目标，将第三产业旅游业作为支柱，同时也是新的重要性经济增长点，上述优势也将给北京的红色旅游带来极大的潜在动力。

2. 红色旅游资源与历史文化旅游资源、民俗风情旅游资源在空间上组合较好

北京自从秦汉以来，就是中国北方的重镇，可以追溯到三千年前，其中先后改名为燕都、燕京、大都、北平、顺天府等。北京作为古都有着十分深厚的文化沉淀，享有诸如长城、故宫等一大批世界级名胜古迹，其中更是有六处在联合国教科文组织严格的审核后，确定为世界文化遗产，形成了强大的旅游号召力，具有极好的开放条件和开发价值。而这些都是先人劳动和智慧的结晶，后人看到如此成就的时候，必定会激发起振兴中华的伟大爱国情操，而将红色旅游景点和名胜古迹景点结合在一起，更能凸显首都文化的历史厚重性，在体验风韵独特的民风民俗的同时，也能接受到历史唯物主义、爱国教育和革命传统教育的洗礼升华。将红色旅游和其他形式的旅游相互结合，取长补短。

红色旅游是在如今新时期、新形势下，把娱乐性的旅游和教育性的人民民主反帝反封革命结合在一起的产物。将北京地区红色旅游资源进行分类归纳后发现，它的根本目的在于最大限度地实现社会价值。其中爱国主义教育、道德准则教育、革命传统教育和人生观教育、理想信念教育都是社会价值的重要组成部分。

充分利用北京丰富的红色旅游资源，将红色旅游事业进行发展，实现它的思想政治教育意义，最大限度地增强相应的思想政治教育，从各个方面来看，都是可行且十分必要的。

第五节 文博旅游

　　文博旅游主要以各类展览馆、博物馆、陈列馆和各种遗址、古代墓葬为主，以文化旅游的方式，展现遗存在人类历史上的物质文明和精神文明，其中以各种各样的文化遗址、古代墓穴或现代建筑工程、石窟石刻作为旅游的景点和资源。所谓文博旅游就是利用这些地域开展题材多样，内容广泛，带有知识性的旅游活动。其中实现文博旅游的品牌价值，多是通过文物和博物馆作为吸引物。综合考虑各方面的利益和环境，应当进一步深入挖掘旅游当地的文博资源，并且让它表现得与众不同，这是其他竞争对手无法复制的独特魅力，也是文博景点综合价值的存在体现。文博景点可以通过对品牌专有垄断产生综合价值，游客也可以通过品牌价值来消费文博景点产品，从而实现感知价值和购买意向。

　　近年来，随着当地文化旅游业的发展，村民们纷纷开办了诸如农家乐之类的休闲场所，文化旅游产业作为该地区社会发展支柱产业。

　　据悉，北京市拥有的文化创意产业集聚区已达到30家，诸如八达岭长城、明朝十三陵、古琉璃厂、天桥演艺区、天宁寺、西长安街现代演绎区以及动漫游戏基地，这些旅游热点，都已经进入了北京文化创意产业的集聚区。

　　在推进建设大城南经济战略中，北京将丰台区作为核心拓展区，引起了人们的广泛关注。在博览会上丰台区推出绿色长廊永定河、中国国际园艺博览会展区、宛平城、卢沟桥、世界公园、世界花卉大观园、南宫温泉休闲旅游区等一系列丰富的旅游资源优势，并且推出了诸如"月光宝盒""创意沙盘""时空隧道"等将文化和科技完美结合的旅游项目，成了文博会的一大看点。该区聘请了包括专业设计师、视觉技术研发人员在内的人员共50余人，并且聘用有着丰富经验的多媒体设计制作企业为依托，专门搭建1∶1真实的舞台，技术含量高，创意亮点多。其中备受关注的当数"月光宝盒"，游客可以经由"时空隧道"，触摸到不同时期的卢沟桥，亲手感受丰台地区的历史变迁，也可以经由创意沙盘，翻阅丰台区在不同时期的空间布局。

据统计，在文博会期间，北京市丰台区展馆所展示的旅游资源给参观者也留下了极为深刻的印象，吸引了近5万人次观众，吸引到了近200家来自海外各地的客商到会洽谈。并且该区荣获了第五届中国北京国际文化创意产业博览会组委颁发的最佳组织奖和最佳展示奖。

除此之外，北京市亦庄技术开发区和北京大兴区两区也同时亮相博览会，将绿色空间产业大兴作为国家新媒体产业基地的主题，采用虚拟沙盘的方式将大兴的旅游资源进行了详细概述，给参观者留下了深刻印象。

北京借助文化旅游，将逐步迈向世界城市。自2008年北京奥运会成功举办后，北京的经济得到了巨大的发展，城市面貌也有了翻天覆地的变化。此外，北京还有着非常丰富的政治、经济、文化等方面的影响力，具备成为世界城市的基础。此次文博会给北京提供了一个全面展示其综合能力的舞台，第五届文博会规模空前，人气十分旺盛。根据相关统计可以得出，在各种论坛上一共有159位国际组织高层负责人，国家产业部主管部门权威人士、国内外各界知名专家学者，以及企业家到会演讲。其中超过39个国家和地区，63个境外代表团，以及国内27个省市，都派出了代表参加本届文博会，规模空前。

第六节　奥运旅游

现代奥运日趋职业化和商业化，导致旅游产业对奥运经济带来的贡献也越来越大。根据国外学者的研究，习惯性将奥运市场分为国际奥运市场和国内奥运市场。根据澳大利亚和美国等奥运实践表明，推动国内旅游业的发展，可以通过承办奥运会实现。中国人口十分密集且基数极大，故而发展国内奥运旅游市场的潜力无可估量。此外，因为北京奥运会的举行，旅游产业正处在一个上升时期，利用这一机遇进行发展，提升主办国国际旅游形象，完善旅游结构，推动国际旅游市场进一步开发，都有着非常重要的现实意义。虽然目前我国学者有研究过"绿色、人文、科技"奥运，但是对奥运经济的研究不够深入，奥运旅游作为奥运经济的重要一环，与其他组成部分也有很多的关联，所以在现阶段须加强和完善相关课题。

一、奥运旅游的主要特征

1. 旅游规模大，且主体复杂

回顾现代奥运会的发展历史，可以发现奥运会的规模正在逐步扩大中，尤其是近几十年来，参赛的国家地区、人员都有了显著增加，将奥运会发展成了当今超大型的体育综合赛事。自20世纪80年代以来，奥运会举办城市都将吸引大量旅游者前来消费作为一大目标利益，吸引了成千上万的国内外游客，推动了本国旅游业的全面发展。

旅游者在旅游活动的构成要素中占有主体地位，虽然来自不同的国家，属于不同的民族，生活方式和思想情感各不相同。但是具备一定的社会关系和一定的社会文化背景,在离开常住地到异国他乡的时候,不可避免地会和有旅游目的的人群进行到接触,故而会产生一系列复杂关系。(苏勤,2001,7)奥运旅游的主体类型更多样,来源更复杂,是一种非常独特的国际旅游类型,有为了前往场馆进行适应性训练的运动员、为了参观国际体育比赛或活动的入境旅游者、借助奥运期间开展商务娱乐活动的旅游者和想在奥运举办城市感受异国风情的观光旅游者。

因为主体的不同,所以旅游者在旅游的时候往往也有不同的形态和目的,部分旅游者是因为喜欢体育明星或者随团助威而来,有的是因为对体育活动纯粹的爱好,还有的本身就是运动员或活动组织者,当然还有部分抱着纯粹参观的游客和有着更为复杂的经济、政治目的而来的。因为奥运主体种类众多,所以在法律、道德观点、社会文化、价值体系、宗教信仰等方面都有极大的差异,稍不注意就会在接触过程中产生矛盾引发冲突。所以要求举办地的旅游部门充分揣摩旅游者的目的和形态,提供针对性的服务,避免安全隐患的出现。结合奥运旅游的巨大规模,复杂的主体来源,要求举办地政府加大城市基础公共设施的建设和投入,扩大举办地旅游的供给规模,提高供给能力,提升自我的服务和旅游管理水平,更好满足旅游者的各种需求,避免游客和当地居民之间的矛盾,加强二者之间的沟通和交流。此外,应当对一些抱有特殊目的的游客进行监控,消除安全隐患,给游客和居民提供安全和谐的社会环境,确保观光者和居民的人身财产安全。

2. 奥运旅游的文化特征

奥林匹克文化和旅游文化相结合从而产生了奥运旅游文化,在旅游的过程中都会与文化发生接触,有旅游的地方就有文化。开展旅游活动的基础就是丰富的文化。作为旅游业发展的重要资源,文化已经日趋受到旅游业的高度重视。旅游文化是人类在其旅游生活方式中所形成的一种文化形态。简单来说，旅游者作为主体，借助旅游这一介质，在开展旅游活动的过程当中，不但可以享受到精神文化的愉悦满足，同时也可综合形成人类旅游的文化形态。

旅游文化的形式有着突出的特色，文化内涵丰厚，且倡导以人为本为其精神本质。对游客而言，感受异国风情、了解异国文化，是他们旅游的主要动机之一。不同的国家、不同的城市，因为生活方式不同、价值观不同、语言不同，具备的旅游文化不同，所以对旅游者充满吸引力。

奥林匹克文化是体育文化和其他文化相结合之后的产物，一如《奥林匹克宪章》中指出，"奥林匹克主义旨在将体育与文化、教育融合，从而创造出一种在努力中求欢乐，尊重基本道德原则，发挥良好榜样教育的生活方式。"通过体育活动和奖励机制，及一系列其他活动，充分体现了奥林匹克的精神象征和物质依托。因为奥林匹克文化的特殊性，要求每届奥运会举办城市，都需要制定出相关的文化活动计划，旨在促进奥运会参加者和其他社会各界人士之间创造和谐的关系，相互了解，增进友谊。要求在奥运村举办各种普遍性多样性能够反映人类文化的活动，规定文化活动必须贯穿奥运会的整个时期。

通过奥运会的开／闭幕式、奥运会圣火传递、奥林匹克文化艺术节等活动，可以给举办国和参赛国家地区展示该地区优秀的民族文化，为其提供一个崭新的平台。奥运会的举办国还会通过一系列的活动，来彰显本国优秀文化、悠久历史、现有成就等，最大限度地弘扬宣传本民族文化，同时也发扬奥林匹克人文精神和奥林匹克宗旨，诸如奥林匹克旗、奥林匹克标志、奥林匹克格言等独特的符号标志，有极具教育价值的圣火接力、开／闭幕式表演等，这些都是非常有特色的，是人类进步的体现。多民族多国家参加奥运会，体现了这些国家对本民族文化的自豪，也正是因为这些文化的存在，才推动了奥林匹克的可持续发展，扩大了奥林匹克的影响力。

由于奥运会的前期准备、举办和赛后影响，都会持续相当长的一段时间，所以在奥运旅游的目的地，举办城市需依据地方特色，充分利用自身的旅游资源，开展极具特色的节庆活动和文化艺术活动、会展、商务活动等。此外，还应当充分利用奥运会这一文化资源的优势，将传统地域文化和奥林匹克运动的形式进行结合，增强奥运旅游的吸引力，从而吸引更多的旅游者到奥林匹克举办城市进行观光。

3. 奥运旅游的时间特征

奥运会是每4年一次，而申请工作在举办前的7年就已经开始。一般来说，举办城市一旦确定，就将成为世界瞩目的焦点所在。随着时间的临近，奥运旅游的效应也将得到日益凸显。但就20世纪80年代的统计看，奥运会对当地旅游行业的影响，一般在5年左右，即会前2年，会中1年，会后1年。这和奥运会4年一届的举办周期有关。新的奥运会将创造新的奥运旅游吸引物，也将产生新的奥运旅游效应。但是因为奥运会举办的时间、地点、规模和主观努力的不同，在具体影响旅游行业的效益上也存在一定差异。

4. 北京奥运旅游资源的价值构成

2008年奥运会的成功举办，让北京的旅游产业有了更进一步的发展。国家旅游局将北京作为中心发展旅游行业，围绕奥运策划出了很多精品旅游路线。北京旅游市场的规模本就很大，再加上奥运会的举办，各种体育运动也开始兴盛。奥运遗产的出现，不但让体育文化得到了发展，更展现了现代化的北京对于拉伸优化北京文化结构、补充文化传承有着非常重

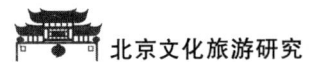

要的意义，是构成新北京的重要元素之一。从此，北京不但有了长城、故宫、天坛等历史遗迹，还有着现代的鸟巢、水立方等现代气息厚重的奥运文化。

因为奥运文化在经济增长作用中的日趋显现，所以人们对奥运旅游资源的分类和价值也越发关注。随着奥运会的举行北京奥运会旅游资源逐步产生，并且在奥运会结束之后受到人们持续的关注。北京奥运会的副产品是奥运旅游资源的一部分，意义深远，给奥运经济的后续来源提供支持。其中形象资源、环境资源、环境容量资源和游客资源构成了北京奥运会的旅游资源。这些资源中既有有形资源也有无形资源，形成一体，相互促进。

形象资源和游客资源形成了北京奥运环境资源的基础，因为北京本来就是有着美丽风景的旅游胜地，随着基础设施的进一步完善，环境资源也得到进一步的优化。奥运会旅游资源属于"环境商品"或"公共商品"这两种形式。效用性由本身的价值决定，包括环境价值、经济价值和存在价值三部分。使用价值和非使用价值构成了北京奥运旅游资源的内涵和价值构造。

奥运旅游资源由直接使用价值构成其经济价值，根据悉尼旅游资源评估，这类价值占到总价值的量并不是很多，而非经济价值（间接使用价值、存在价值、选择价值和遗产价值四部分）才是奥运旅游资源的主体。

二、北京市奥运旅游资源评价

中国庞大的国内市场和入境游客的快速增长，让旅游产品的需求增大，是其他国家不能比拟的。

第四章 北京文化旅游资源开发利用现状分析

1. 传统旅游资源

（1）景区资源。北京是一座历史悠久且有着深厚历史沉积的古城，留下了丰富的名胜古迹，为旅游行业的发展提供了得天独厚的资源条件。其中以故宫、北海为首的北京 16 景，吸引了大量外地游客，是到北京旅游的必去之地。同时北京有着 2 个 5A 级国家景区、31 个 4A 级国家景区、21 个 3A 级国家旅游景点，此外还有许多世界文化遗产保护单位，像这样高密度高质量的旅游资源是全国任何其他城市都没法比的。

（2）游客资源。北京是享誉全球的旅游胜地，依据《世界旅游组织 2013 年度报告》，自 2010 年到 2020 年期间，中国入境旅游人数将以 8.2% 的递增速度增长，北京景点众多且游客承载能力极强。

2. 体育旅游资源

（1）奥运场馆资源。作为第 29 届奥运会的举办城市，北京修建或扩建了 31 个各类赛事场所，其中新建了包括水立方、鸟巢等 12 座新建场馆，奥体中心体育馆、奥体中心体育场、国家会议中心击剑馆等 8 处场所。除临时场所在赛会后拆除之外，剩下的都提出了很好的赛后利用方案，适合开展奥运旅游的项目。

（2）赛事资源。北京每年大概会举行各大国际大赛和活动 20 余项，像北京网球公开系列赛事、世界车王争霸赛、北京国际马拉松赛和世界斯诺克中国赛等 20 余项极具品牌效应的赛事，囊括世界大牌的运动明星参与其中，也吸引了大批体育爱好者到北京观看比赛。其中中国网球公开赛作为皇冠明珠级赛事级别仅低于四大满贯，影响力除影响全国之外，还对亚洲附近的国家有一定影响。而北京马拉松赛事更是吸引了各国爱好长跑的运动员，这两项赛事的主会馆都在奥林匹克森林公园内，如果可以和旅游相结合，将会实现双赢。除此之外，还有短道速滑中国杯和中超联赛也

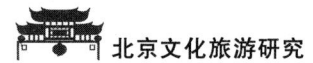

是以北京为主要场地的赛事，给北京聚集了大量体育的爱好者，各个明星运动员也成为焦点之一。

（3）其他体育产业资源。此外，北京还有标准场地 12 106 个，其中普查年度标准体育场地和体育系统新增标准场地 6149 个；常年经营体育健身的健身单位 644 家；体育运动项目经营单位 1800 家。在 35 个重点旅游景区中，已有云蒙山森林公园、怀柔湖景水上乐园、莽山国家森林公园等多家开展了体验式体育旅游项目，包括漂流、户外探险、越野拓展等。

北京市可以用来进行体育旅游的资源还有很多，只要开发合理、利用得当都可以作为奥运旅游的景点，创造旅游效益。

第七节　北京市文化旅游资源开发利用现状

目前，北京市文化旅游资源的开发建设已初成体系，已开放接待游人的文化旅游景点共 216 处，结合有形文化旅游资源的开发，发掘旅游文化的内涵，相继开展了一系列文化旅游活动。

一、有形文化旅游资源的开发

北京市文化旅游资源的开发始于民初，尤其是一些充满了神秘色彩的皇家宫苑、坛庙、园囿等禁地，自民国以来相继开放。1914 年，明清两代的社稷坛辟为中央公园（现中山公园）。1925 年，紫禁城辟为故宫博物院，接着天坛、地坛、先农坛、日坛、月坛相继开放，清室夏宫颐和园辟为公园，北海和景山都辟为公园。中华人民共和国成立后，被誉为"北京人家"的周口店猿人遗址被发现并被列入世界文化遗产，万里长城也已开始形成了八达岭、慕田峪、司马台古长城系列。在 1978—1989 年的 11 年里，先后修复了慕田峪长城、潭柘寺、大钟寺、云居寺、恭王府、昭陵等名胜古迹。到1991年，天安门广场的"十大建筑"全部对外开放。90年代初始，一系列的人造景点及主题园相继落成，如康西草原的魏蜀吴"三国城"，重现历史风貌，展示一代女政治家、军事家萧太后生平业绩的大型艺术馆——萧太后城，以电影和电影技术为主要内容的参观浏览景点——北京电影旅游城，九龙游乐园，世界公园，慕田峪长城脚下的原始部落游乐园，八达岭御都园，利用现代声、光、电科技手段形象再现原始世界面貌的原始大世界，老北京微缩景园，十三陵明皇蜡像宫，后椅子胡同，中华民族故土园，北京国际药膳博物馆，北京山川地图，北京古玩城，反映中国历史上下五千年的文化发展、民族繁衍、朝代更迭、技术进步等内容的历史图墙在玉渊潭公园建成。

二、无形文化旅游资源的开发

自1989年以来，北京相继开展了一系列文化旅游活动。如1989年"我爱北京山和水"；1991年继续推出了传统文化旅游活动——春节庙会、龙庆峡冰灯、风筝节、桃花节、西瓜节、九九重阳登高会等，同时开展了一系列有特色的文化旅游活动，如中日民俗活动周、北京国际啤酒节、文物节、友好城市文化节等；1992年推出了龙庆峡冰灯艺术节及旨在弘扬中国饮食文化的千种小吃大联展，还举办了"京城美食月""迷人的天安门之夜""北京晚宴剧场""不夜的长亮广场""西苑黄金之夜""北京旅游小吃城""金光一条街"等大型晚间活动；1993年在劳动人民文化宫举行了北京古都文物博览会；1994年在大葆台西汉墓博物馆举办了模拟考古活动；1995年在北京艺术博物馆举行了北京文物精华展，充分显示了中华民族古文化的神韵，还推出了历时半年之久的"爱祖国，爱北京"大型系列文化旅游活动——纪念北京建城3040年、纪念中国人民抗日战争胜利50周年、北京艺术节及系列群众文化活动三个主题系列。各区还分别推出了海淀圆明园游园会、房山首届旅游文化节、怀柔春季赏花旅游月及首届红螺寺庙会、密云的城乡联谊百万市民游密云活动。总体来说，北京市文化旅游的开展，不论是有形文化，还是无形文化，都形成了一定规模，取得了一定的成效。但是，开发过程中也存在一定的问题，如90年代初人造景点的建设，就存在景点建设缺乏文化内涵或文化内涵不够高、大量人造新景点的重复建设、景点仿古的倾向突出等问题。

第五章
北京文化旅游的 SWOT 分析

文化产业的发展及其带来文化旅游的大发展是近年来我国旅游产业发展的新趋势。随着我国经济的快速发展，发展文化产业的要求也越来越强烈。近年来，国家出台了众多文化产业利好政策，推动文化产业快速发展，通过文化产业的振兴提高国家软实力，实现经济实力和国民素质的并速腾飞。2009 年，国务院审议通过了我国第一部文化产业专项规划——《文化产业振兴规划》，正式将文化体制改革和大力发展文化产业上升到国家战略的高度。在其后 2010 年和 2011 年的党代会上进一步明确提出推动文化产业成为国民经济支柱性产业。文化产业的产业地位提升后，大量的资金与政策都导向了文化产业项目。而文化与旅游又有着天然的紧密联系，文化是旅游的灵魂，旅游是文化的重要载体。在利好政策的导向下，全国各地掀起了一波文化旅游产业园建设热潮，各地文化旅游业发展如火如荼。21 世纪中国旅游的方向直指向文化旅游，文化旅游产品以其丰富的文化内涵、相当的发展规模和精深的人文底蕴独占鳌头，成为最具竞争力的优势产品。

本章以北京市作为研究目标，以北京市的文化旅游作为切入点，运用 SWOT 分析法，对北京市在发展旅游中的各种优势、劣势、机遇和威胁进行系统分析，力图对发展北京市文化旅游提出一定的建设性意见，促进北京市文化旅游的发展。

第一节 SWOT 分析法

SWOT 分析法，有时也称为 TOWS 分析法、道斯矩阵分析法，是一种态势分析工具。20 世纪 80 年代初，美国旧金山大学韦里克教授提出并借助"SWOT 分析模型"来制定企业的战略规划、竞争策略等。麦肯锡公司则将 SWOT 分析方法具体归纳为优势（Strengths）、劣势（Weaknesses）、机会（Opportunities）和威胁（Threats）四个方面，即通过对组织内外部因素进行综合和概括，进而分析、比较组织拥有的优劣势、面临的机会和挑战，从而可以帮助组织科学合理地制定战略、集中优质资源重点发展强项、抢占先机。SWOT 分析模型的核心思想，是围绕组织当前确立的战略目标，分析组织面临的外部环境及其变化，结合自身的资源组合情况，确定组织的核心能力和关键约束，同时借助通用矩阵对其进行打分评价，并将评价结果定位在 SWOT 分析图或分析表上以利于战略分析。显然，SWOT 模型一旦确定了组织的核心问题，也就明确了组织的战略目标，是一个较为简洁、方便、实用的战略分析工具。当然，SWOT 模型也有自身的缺陷，即模型没有将组织改变现状的主动性纳入其中，也就是说，组织可以通过纳新的资源来创造新的优势，从而实现以前无法实现的战略目标。

第二节　SWOT 分析法与文化旅游

　　SWOT 方法自形成以来已广泛应用于战略研究与竞争分析中，成为战略管理的重要分析工具。它能清晰地把握全局，分析自身资源的优势和劣势，把握环境提供的机会，防范可能存在的风险与威胁。该方法的优点是使用简单，分析直观，在没有专业化分析工具和精确数据支撑时也能得到具有一定说服力的结论。但同时这种定性分析法也具有精确度不够的缺点，最明显的是 S、W、O、T 各种表现的描述本身就带有一定程度上的主观性。因此，在使用该方法时要注意规避其局限性，当各种表现作为判断依据时尽量做到客观和真实，在条件允许时还可提供一些定量数据来弥补定性分析的不足。文化旅游作为一个新兴的产业，在其发展过程中将面临众多重大的关键性选择，这就需要在文化旅游发展战略的前期计划制订和后期规划执行中运用科学的方法进行分析，避免出现重大失误。随着经济、社会、科技等诸多方面的迅速发展，我国各地都力图发挥自身资源优势，大力发展文化旅游产业，实现科学发展。而在实际的发展过程中，难免会面临激烈的外部竞争和挑战，各地都希望能发挥自身的竞争优势，抵御风险，寻求自身的最大发展。

　　SWOT 分析法认为，所谓竞争优势是该研究对象所拥有的超越对手的实力和能力，是一种优越性的综合体现。由于研究对象是一个整体，且竞争优势来源十分广泛，因此在做优劣势分析时必须从整个文化旅游产业的各个环节上将自己与竞争对手进行详细对比。从某种意义上说，各地的文化旅游产品即是一种产品，而衡量一个研究对象及其产品是否具有竞争优势一般都只能站在现有受众的角度,而不是站在研究对象自身的角度。因此,各地在发展文化旅游维持竞争优势过程中,必须深刻认识自身的资源和能力,采取适当的措施。一般认为,文化旅游中的竞争优势既包括了该地区的大文化背景、历史文化渊源、风土人情等无形因素,即所谓"软实力",同时也包括了山川地貌等有形的因素,它们是构成竞争优势的物质载体。除此之外,还应包括该地区的政府政策水平、规划水平、管理和组织能力、工作人员素质等众多因素综合反映的竞争能力上。从产品线的角度来说,也可以理解为是产品线的宽度、质量、适用性、风格和形象以及服务的及时性等。与之相反的就是竞争劣势。当某地区发展文化旅游有了起色并在某些方面具有了竞争优势后必会吸引竞争对手的注意。一般地说,该地区经过一段时期的努力建立起的某种竞争优势会保持一段时间,当竞争对手直接进攻研究对象的优势所在,或采取其他更为有力的策略时,会开始削弱这种优势,这便要求当地管理者确认并评价每一个机会的成长前景,选取那些可与自身资源匹配、能获得竞争优势的潜力最大的最佳机会。与此同时,威胁也是常常相伴相随的。任何研究对象都不可避免会存在外部威胁,如何应对外部威胁是每个研究对象都必须面对的。外部威胁一般表现为强大的新竞争对手,现有资源的可替代性资源、汇率等国际环境、人口特征和社会消费方式变化、周期性市场衰退等。

  对各地旅游的主管部门来说,最理想的当然是通过自有优势取得发展机遇。任何管理者都会关心自己拥有的文化旅游产业的资源和发展模式是否容易被复制,因为一项资源的模仿成本和难度越大,它的潜在竞争价值就越大。同时期望这项优势能够持续,持续的时间越长,其价值越大。SWOT分析法的最终目的是研究对象如何在现有的内外部环境下最大限度运用自身资源得到更好的发展。

第三节　北京市文化旅游发展的 SWOT 分析

一、北京市文化旅游发展的优势

北京市发展文化旅游最大的优势是旅游资源。北京的文化旅游资源具有得天独厚的比较优势，它不仅包括自然形成的雄奇秀美的山川河谷，还包括丰富的人文资源，而这是其他地区所无法比拟的。北京具有丰富的旅游资源，对外开放的旅游景点达 200 多处，共有文物古迹 7309 项，有世界上最大的皇宫紫禁城、祭天神庙天坛、皇家花园北海、皇家园林颐和园、八达岭等名胜古迹。北京游客总体特征为旅游者受教育程度较高，以中等以上收入的本地中、青年为主，职业构成上主要以政府机关、事业单位、企业职工和学生为主。在北京众多的旅游产品中，游客的喜爱程度依次为：自然环境和地理文化类、皇家园林类、历史遗迹文化类、文化主题公园类、民俗风情与老北京市井文化类、宗教文化类、节庆文化类。

北京市中心位于北纬 39 度，东经 116 度，雄踞华北大平原北端。北京的西、北和东北，群山环绕，东南是缓缓向渤海倾斜的大平原。北京平原的海拔高度在 20 至 60 米，山地一般海拔 1000 至 1500 米，与河北交界的东灵山海拔 2303 米，为北京市最高峰。境内贯穿五大河，主要是东部的潮白河、北运河，西部的永定河和拒马河。北京的地势是西北高、东南低。西部是太行山余脉的西山，北部是燕山山脉的军都山，两山在南口关沟相交，形成一个向东南展开的半圆形大山弯，人们称之为"北京弯"，它所围绕的小平原即为北京小平原。综观北京地形，依山邻海，形势雄伟。改革开放以来，北京旅游业蓬勃发展，由单纯的外事接待工作迅速成长为一个具有重要影响的产业。经过多年的开发和建设，北京旅游产业要素日趋配套，产业体系日趋完善，已成为北京国民经济产业中的重要组成部分。近年来，北京旅游产业持续快速发展，旅游产业的增长速度始终高于全国经济平均增长速度，已成为北京经济增长的亮点和拉动北京经济发展的重要动力。

更重要的是，北京市历史悠久，文化底蕴深厚，是华夏文明和中华民族的重要发源地之一，是中国历史古代前期政治、经济、文化发展的中心区域。从史前期人类文明的起步，到唐宋封建社会的全面繁荣发展，再到近代反帝反封革命浪潮的风起云涌，北京在中国历史上均留下了华彩的篇章。儒家文化、道家文化、佛教文化等都曾以北京为中心兴盛发展。北京历史文化名人众多，在中国历史长河中光彩夺目，给后人留下了珍贵的精神遗产。光辉灿烂的历史文化，众多的文物古迹，吸引着众多国内外游客来北京参观旅游，这构成北京旅游产业发展的最大优势。北京文化旅游发展的特点有：

1. 历史文化遗产独具魅力

皇家文化气势恢宏，内涵广泛，富有艺术情趣，艺术水平很高，环境赏心悦目，具有很高的美学价值；历史遗址凝聚人类智慧，见证历史发展轨迹，是前人留给后人的宝贵财富，是十分珍贵的有形文化旅游资源。目前这两类文化旅游是北京旅游中最具浓墨重彩的特色部分，声誉在全球都有广泛影响。因其资源的独特性和垄断性，每年接待的游客数量很多，经济效益突出。因国家定期投资修缮，景区建设和环境良好。

2. 民俗文化旅游内容广泛

民俗文化旅游内容广泛，主要有饮食、婚丧寿诞、岁时节庆、服饰、居住、交通、贸易、信仰禁忌、娱乐游戏等，是重要的文化旅游资源。北京民俗旅游有聚集性，主要集中在东城、西城和运河一带。其中宣南文化区是目前发展最集中的区域，有繁华的娱乐、商业场所和以戏曲文化、民俗文化为代表的平民文化。胡同游能从独特的视角，比较集中地领略北京的风貌，浏览北京的人文景观。节庆文化既能表现某地区民俗又有很强的可参与性。庙会是北京最具特色的节庆文化活动，各种小吃、传统技艺表演、演出和各种商品展销，可以让游客感受到熙熙攘攘的热闹气氛和和谐吉祥的民俗传统。有的庙会甚至还有非物质文化遗产保护项目的表演，如中幡、抖空竹、五斗斋高跷秧歌、赛活驴等。北京厂甸庙会、天桥庙会、地坛庙会、龙潭湖庙会、红螺寺庙会、大观园庙会等已具有一定良好口碑。

3. 红色旅游资源丰富

中国革命的每个重要阶段都与北京有着密切的联系，因此北京发展红色旅游不仅具有政治意义，还可以促进地方经济发展。

4. 文博旅游异军突起

北京博物馆种类包括历史艺术、自然科学、民族宗教等多种门类。北京市的博物馆旅游一般文化主题鲜明，接待方面软硬件齐全，设施智能先进，大型展览馆体现人文关怀，配套设施功能完善，服务到位。举办的展览和活动文化特色鲜明、动手体验项目丰富、互动多媒体项目设置合理，游客游兴较高。宗教作为一种特殊的文化现象，对特定的群体往往具有吸引力，但交通不便影响了游客到访。

5. 奥运旅游方兴未艾

2008年，伴随奥运会举办，国家旅游局以北京为中心，推出了32条奥运精品旅游线，把奥运会协办城市周边以及国内传统的自然、人文、历

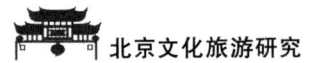

史经典线路囊括其中。北京旅游市场规模庞大。体育娱乐休闲旅游渐成气候，这也是体育旅游的效益推广，以奥运会赛事为载体，具体内容包括娱乐、时尚和运动等。旅游、休闲、娱乐、商务等产业产生源源不断的丰厚利润。奥运会不仅给北京旅游业带来一个庞大的市场，还会将中国的旅游品牌引向世界。

二、北京市文化旅游发展的劣势

在拥有众多得天独厚优势的同时，北京旅游商品缺乏特色、价格不合理，应采取开发特色旅游产品，营造人性化购物环境和加强旅游市场管理等的改进措施。

（1）北京市文化旅游存在诸多问题。

民俗旅游有待规范经营。胡同游运营线路不规范，客运三轮车数量太多、无序发展，人员素质良莠不齐，因抢客造成过度服务，接待户没有经过准入也可以接待游客，餐饮工作人员无健康证。讲解人员无正规的岗前培训，讲解内容不严谨。庙会的经营管理还有待加强，包括招商、交通疏导、环境维护、市场管理，节庆旅游形式单一，文化习俗传统的挖掘提升还有很大空间。传统民间习俗还有逐渐涵养和恢复的任务。

红色旅游有待加大投入。北京红色旅游有较高的政治性，但重硬轻软，文化挖掘和资源整合有待提高。有的红色旅游景区尚未开发到位，不具备接待能力，基础设施有待改善。有的景区商业化氛围浓重，影响了红色旅游的严肃性。面向学生的红色旅游价格方案和安全措施有待进一步规范。

创意旅游有待深化内涵。工厂艺术区管理服务与经营、建筑的修缮与拆除、设备维护与更新始终充满矛盾与冲突；博物馆类景点存在展馆空间闲置、有些设备没有及时修理或更新换代，体验项目数量不多，排队现象严重，操作说明笼统、不好理解，讲解人员主动服务意识薄弱，展览介绍字体小、导航图少且摆放位置偏僻，有些博物馆经营管理不善，交通不便等现象；主题公园仅仅是游乐园区，主题不鲜明，缺少文化内涵的支撑与主题特色的宣扬，没有动漫、玩具、影视等相关产业的扶持与互动。

旅游商品有待增强特色。产品无统一品牌，缺少地方特色，企业经营定位模糊，产品质量有待提高，改造后新的商业生态需要恢复和重建。

（2）旅游企业规模小而数量多，缺少龙头旅游企业的牵引，旅游产业没有集团优势，这是北京旅游产业发展中的明显瓶颈。北京旅游业的发展，必须根据地域在旅游资源的互补、旅游相关联企业的相互促进发展方面下功夫，组建一些大型旅游产业集团，增强竞争力。与此同时，由于历史、地理和经济原因，北京市旅游资源分布不均衡，城市旅游资源开发较早且国内外影响较大，郊区的旅游资源开发较晚，城市旅游业产值占全省的一半以上，旅游产业相对发达，而郊区、山区旅游业水平低、规模小、知名度差，处于弱势地位。

（3）旅游产业链仍不完善。旅游活动是一种以人的空间移动为主要特征的消费行为。在旅游活动中，作为旅游目的地，应紧紧抓住旅游活动食、住、行、游、购、娱六要素，将各种旅游关联产业串联起来，尽可能地拉长旅游产业链，以旅游者的消费活动带动旅游目的地产业的发展。目前，北京市旅游产业发展的一个重大问题就在于旅游产业链不完善，还处于初级发展阶段，旅游业以"游"环节为主，食、住和行的要素有所发展，然而游、娱和购要素还需下大力气发展。普遍缺少高层次的娱乐项目，缺乏特色鲜明的旅游商品，这样既影响了城市形象的推广，也无法最大限度地留住游客，扩大旅游消费，更影响了游客来北京旅游的兴趣。

（4）旅行社发展水平较低，行业分工不明确，旅游产品开发滞后。虽然北京市旅行社数量多，整体实力位居全国第一，但与发达国家相比，还处于较低的行业发展水平。旅行社业存在分工不明确、仍以价格作为第一竞争手段、服务质量不高、人员责任心不强的问题，整个行业处于无序竞争的状态。同时，北京虽然旅游资源丰富，但是旅游产品却缺乏新意，仍以大众观光旅游产品为主，都市旅游产品开发不充分，对城市旅游消费的带动作用有限。目前，旅行社仍以提供依赖资源的同质化大众观光旅游产品为主，主要围绕天安门广场、故宫、天坛、颐和园、长城、十三陵等老景区，缺少有针对性的专项旅游产品，影响了北京作为旅游目的地功能的发挥。

三、北京市文化旅游发展的机遇

北京市旅游资源丰富，旅游发展潜力巨大。面临千载难逢的发展机遇，深入挖掘厚重的文化旅游资源，推动文化与旅游深度融合，成为北京文化旅游业未来大发展大繁荣的一个重要方向。

1. 有利的政策环境

北京市处于华北地区的中心地带，其深厚的文化背景孕育了其强大的文化旅游潜力。《国务院关于加快发展旅游业的意见》中曾提出要努力将旅游业发展成为国民经济的支柱性产业，其中各项关于旅游综合开发和改革的意见都为北京市发展文化旅游产业奠定了坚实的基础。此外，在《关于促进旅游业发展的实施意见》中提出要重点推动北京市文化旅游事业的发展，将其建设为全国最佳旅游目的地城市之一。

2. 特有的发展机遇

北京市的旅游发展机遇可以从经济机遇中显现出来。根据相关调查显示，我国旅游经济的发展和我国宏观经济的发展的相关系数为 0.83，同时城市居民可支配的收入对我国旅游事业的贡献度为 0.54，所以我国宏观经济的发展可以促进城市居民收入，进而促进北京市旅游产业的发展。北京市如果能够把握这特有的经济机遇来发展该市的文化旅游事业，大力开展城市相关项目的建设，形成更加科学合理的发展结构，那么北京市将迎来巨大的发展旅游产业的机遇。

四、北京市文化旅游发展的威胁与挑战

从北京市文化旅游发展的威胁与挑战来看，与北京拥有同样丰富的自然和文化资源的其他省市是北京目前发展文化旅游产业的最大挑战。同北京发展文化旅游最类似的莫过于同属中原地区的河北、陕西、山西，其中尤以陕西最为类似。曾有一种说法，"要想了解近百年的历史，要到上海去看一看；要了解中国一千年的历史，要到北京来；要看三千年文明，要到西安去"，这句话形象地反映了各地旅游各具特色。

另外，经济形势的不明朗，在很大程度上也会影响到旅游业的发展。目前我国和世界经济都处在一个不稳定期，经过多年的快速增长，由于周期性或全球性原因，存在着下行的风险。旅游业属于经济发展时人们选择休闲的重要产品，但当经济形势不好时，人们大多会降低支出，减少旅游出行，这是无法估计和预知的外部因素。

1. 古都风貌保护与城市化建设之间的矛盾

随着经济的不断发展，北京的城市建设将有一个极大的发展，许多城市标志性建筑物将陆续涌现，不断增加和改变着北京城市景观，许多宝贵的文化遗产面临着消亡的危险。为了展现北京历史文化的完整性和深刻性，这些现代化的建设不应以大面积拆除旧城区为代价，因为这些古老的

建筑中蕴含着几百年的古都文化，一旦被拆除再也无法复原。保护北京古城风貌，重点街区、重点文物应得到市政府的高度重视，并且应充分为旅游服务业所利用，成为现代化北京的古老文化的亮点。

2. 区域竞争激烈

京津冀都市经济圈是我国三大都市经济圈之一，随着区域合作的加强，北京山区旅游业在未来发展中将面临激烈的竞争。河北省拥有3处世界文化遗产、5处国家级风景名胜区、5个国家历史文化名城和5个中国优秀旅游城市，是北京山区旅游发展强有力的竞争对手。天津市未来五年将着力打造"近代中国看天津"核心旅游品牌。亲海休闲游、异国风情游等均是天津市特色鲜明、竞争力较强的旅游产品。

3. 传统文化的传承的艰难

中华五千年的文明孕育了丰富多彩的民间传统文化，但随着社会的变迁，人们生产、生活方式的改变，现代人忽略或漠视了文化的传承。当前游客在北京的旅游大多属于走马观花式的，根本无法深度了解其中的思想文化，也无法更深刻地探究其中的历史内涵。比如游览故宫，游客除了惊叹其建筑辉煌、氛围肃穆、展览众多之外，对其中的建筑设计思想、所展示珍宝的内涵文化等缺少深入了解。故宫是一本包罗万象的百科全书，而游客只是轻轻地翻开了扉页。这种现象反映了目前游客旅游层次的肤浅，阻碍了旅游服务业的深度发展。

4. 旅游需求日益多元化

从相关统计数据上可以看出，来京游客涵盖公务员、企事业管理人员、离退休人员、学生、农民等多种职业身份，旅游目的也有休闲游览、探亲访友、商务、会议、就医、科技交流等多种。不同身份不同消费水平的游客结构引发了旅游需求多元化的局面。北京山区新型旅游产品的开发

第五章 北京文化旅游的 SWOT 分析

严重滞后,无法满足游客多元化的旅游需求。对于北京本地游客来讲,单纯的观光游已不具有强大的吸引力,在优美的自然山水环境中,能够开展各种丰富多彩的娱乐休闲活动,收获与都市生活不一样的体验才是众多市民到山区旅游的主要目的。如果山区旅游产品的开发长期滞后于游客的需求,必将影响旅游业的健康发展。

作为关联度大、辐射面广、复合度高、综合性强的旅游产业,在经济区建设中理应发挥更大作用。旅游业在北京经济建设中的地位特殊,作用重要,又有自身优势。旅游业不与农业争土地,不与工业争资源,不与服务业争市场,是一个为广大人民群众送欢乐、送健康、送和谐、送时尚的重大民生产业,是一个为整个经济社会发展添形象、添活力、添效益、拓市场的综合经济产业。

当前北京市旅游已发展到了一个关键的阶段。通过对北京市文化旅游的 SWOT 分析,我们认为,北京市发展文化旅游的优势和机遇远远大于其所面临的劣势和威胁,可充分发挥杠杆效应。对于优势而言,北京市所拥有的资源和文化优势是十分巨大和有潜力的,同时这种优势也和机遇能形成良好的结合,有力地促进北京市文化旅游事业的发展。与之对应的是,北京市当前发展文化旅游的劣势其实是目前全国所共有的,并且这些劣势大部分是可以在推进过程中慢慢消除的。至于北京市当前所遇到的威胁和挑战,我们认为,事物的发展主要是通过内因,外因是通过内因起作用的。正因为如此,北京在发展文化旅游中,只有大力发挥自身优势和机遇,才能有效地消除外部威胁与挑战。现阶段的关键在于在深度挖掘旅游文化内涵的过程中,建立产业良性的内部运行机制和外部发展关系,从而提升产业素质,获得可持续发展。从实际来说,就是紧紧围绕科学发展主题和转变发展方式主线,现阶段应找准定位、积极融入、抓住机遇、发挥优势、高起点规划、突出文化特色、塑造整体形象，以整体提升为核心，突出品牌引领；加强产业组织，拉长产业链条，强化项目支撑，围绕市场拓展；以产业转型升级为契机，壮大旅游市场主体，培育产业集群，构建文化与旅游相融合的产业布局；理顺管理体制，创新运行机制，推进资源整合，着力优化结构，培育消费热点，努力提升旅游产业的市场化、规模化和国际化水平，全面提升北京旅游产业的综合竞争力，为经济建设做出积极贡献。

对于拥有丰富文化旅游资源的北京来说，要想大力发展文化旅游，我们认为现阶段应主要从产业融合、产品融合、组织融合、市场融合和人才融合这五个方面下大力气。产业融合重在实现规模效应，产品融合重在做好市场导向，组织融合重在发挥资源综合效用，市场融合重在构建完善的产业条件，人才融合重在落实发展路径。只有着力解决好这五个融合，才能充分发挥出北京市文化旅游的各种优势，规避当前发展的劣势，利用发展文化旅游的重大机遇，实现整个北京市社会经济的全面协调和可持续发展。

第六章
北京文化旅游发展战略

第一节 绪论

一、北京文化旅游发展战略研究的背景

北京市作为我国首批改革开放城市之一，旅游资源丰富，文化底蕴深厚，自古以来便是旅游度假的好去处，将文化与旅游巧妙地结合起来，大力发展旅游业，契合北京的实际。把文化旅游这个蛋糕做大做好，对于促进北京经济又好又快地发展具有重要的现实意义。伴随着旅游业的快速发展，随之而来也出现了一些新的问题。如何真正实现北京的"旅游立市"，使其在与国内外的旅游城市的竞争中更具优势？问题的根源和解决方法就是要打好"文化"这张牌。越来越多的文化名城正在成为闻名遐迩的旅游热点城市，从本质上来说，旅游的精髓是文化，任何形式的旅游，归根结底都是和文化活动分不开的。锻炼身体已经不是旅游的主要目的，人们渐渐趋向于注重增长知识、开阔视野、提高自身的文化素质。文化旅游在人们的生活方式中占有越来越重要的地位。现在，研究者们已经开始关注博物馆、图书馆等文化教育阵地的文化作用以及旅游娱乐作用。由此可见，

北京市旅游业发展任重而道远，因此有必要分析当地的实际情况，同时借鉴国外以及国内兄弟地市的先进经验，制定符合北京市实际的文化旅游发展战略，实现北京市旅游经济的"二次创业"，助力北京市实现旅游业乃至经济的腾飞。

二、北京文化旅游发展战略研究的实践意义

随着政府对于发展文化旅游业重视程度的加深，文化旅游业即将进入一个快速发展的时期。相对区内的自然资源，北京市的文化底蕴同样深厚，发展文化旅游具有先天优势。但同时，北京市在发展文化旅游方面还存在一些现实问题。发展北京市文化旅游，存在一些结构性矛盾，旅游产品不够丰富，目前北京市旅游资源开发的层次仍较低，参与项目少，缺乏深度，这成为制约北京市文化旅游可持续发展的瓶颈。做大做强北京市文化旅游产业，必须推进文化和旅游深度融合、整体联动。文化和旅游更好地融合才能使文化和旅游两个产业相互提升，不断促进，并且激发两者的潜力，展现两者的魅力，发挥现有优势。

旅游业是一种新兴的劳动密集型产业，可以很好地解决劳动力的就业问题，可以大大缓解社会压力，给社会整体发展带来很大的帮助。同时，文化旅游作为北京市旅游的另一个领域，是需要多种多样的人才的，所以它可以提供很多就业岗位，促进社会的稳定。与此同时，文化旅游产业的不断发展也可以为当地的社会带来显著的经济收入的增加，不仅加速了经济的增长，还可以促进商业消费；合理和优化产业结构和部门，非生产部门可以鼓励其他行业；努力将文化旅游做大做强，以推动跨境旅游业的快速发展，同时对我国的外汇收入也起到了很正面的作用。此外，坚持以文化旅游发展战略不仅可以保持和发扬独特的地方文化，同时也对本土文化

的发展和保护起到了积极作用；努力促进各地区文化的交流，取长补短，实现共同进步；当地居民的生活质量和精神文化生活水平也可以得到提高和改善。文化旅游的发展可以带来可观的经济收入，对资源的合理和充分利用有助于协调人与自然之间的关系，只有这样，才能真正实现和谐建设发展的理念。

第二节　北京市文化旅游资源发展战略

一、战略目标

北京旅游业的定位是"第三产业的支柱产业，首都经济中新的经济增长点"，发展目标是建成亚太地区旅游中心城市之一和具有东方特色的一流国际旅游名城。因此，未来文化旅游的发展肩负着保护历史文化名城和建设全国文化中心的双重重任，对丰富、发扬祖国光辉灿烂的文化、提高北京在世界上的知名度都有着不可替代的作用。

二、发展思路与战略方针

北京市文化旅游的开发，既要注意有形文化与无形文化的不同特点，又要有机地把它们结合起来。作为有形文化体现的北京地区的旅游景点和古建筑遗存，表现了中华民族独特的建筑美学，具有很高的观赏价值，其中有不少充溢着优美的民间传说和奇幻的神话色彩。其显著的特点是富有真实的历史见证意义，对于希望通过旅游活动来寻觅中国历史遗迹和革命历程的旅游者来说是具有极大的吸引力的。作为无形文化的民俗风情、民间节日和民族艺术，是北京地区文化旅游资源一个重要的组成部分。开发这些旅游资源，发掘它们的文化内涵，利用它们的文化优势为旅游业服务，在旅游者对旅游活动有着更广泛、更直接的参与性的今天，有着特殊的意义。

要保持北京旅游业良好的可持续发展态势，需要完善丰厚的北京文化旅游产品，增强北京文化旅游的吸引力与竞争力。这需要有一套具有前瞻性与可持续性的文化旅游发展战略思路。这种思路既包括对存量的改造提升，也包括对增量的创新发展。也就是说，一方面，要对现有文化旅游产品进行提升改善；另一方面，需要新增一些创新性的产品和项目。

1. 实施深度开发战略，增加产品体验值

这一战略思路首先是从总体上提升景点的管理与服务质量，增进文化资源对游客的体验价值。其次，是进一步拓展新的文化旅游产品。一流的文化旅游资源，应该配以一流的经营管理模式。对故宫、长城、颐和园、天坛、十三陵等不可多得的世界文化遗产，一方面我们要有强烈的保护意识，使遗产世代永久流传下去；另一方面，我们也有责任让公众享有、观赏这些祖先遗留下来的公共产品。如何实现遗产产业的可持续发展，有研究者深刻指出了该产业发展的三重任务及其相互间的关系：技术性可持续（与文物持存年代绝对值最大化相关）是基础，经营性可持续（与观众人数最大化相关）是核心，解释性可持续（与观众内心感悟最大化相关）是灵魂。如何让观众在有限的展品前做短暂的逗留后能获得更广泛的知识与教益，产生丰富的体验，是遗产的管理经营者责无旁贷的使命。要站在这种高度上，在展示内容安排、展示方式、营销策略、解说系统、环境设计上进行细致考虑，构建提升北京文化旅游产品质量的系统工程，从总体上增强对游客的感官冲击度、情绪调动度、情景体验度、信息接受度。文化类旅游产品，如果没有很好的内涵外化途径和方式，其价值是很难充分传递给游客的。因此，相应的要求旅游产品的经营者充分考虑产品的趣味性、参与性、动感性、场景氛围的同一性，以及外在感知性的设计。在拓展新产品方面，可以联结若干二级主题产品，拓宽文化产品簇群。北京除上述提到的一流资源外，还有数十项在全国具有唯一性，观赏价值高，甚至在海外市场也具有较大影响的文化旅游资源和产品，例如，元大都遗址公园、皇城根遗址公园、卢沟桥、古观象台、中国自然博物馆、中国古动物馆、北京天文馆、中国科技馆、中国现代文学馆、皇史宬、古代钱币博物馆、历代帝王庙和观复博物馆等。这些旅游资源，由于点多、布局分散、单体规模较小，如同明珠散落于京城四方，如果可以编排到海内外旅游者赴京旅游线路中，能够单独组合成另一类新型观光产品。建议采取"联线"方式经营，即通过联合经营，或通过某个中介组织直接串联，将北京的诸多各具竞争优势和市场吸引力的二级产品组合成若干"一日游"主题产品。这种"联线"不仅仅是票务上的联合，更重要的是要统一游览车，统一配备导游讲解，把"给游客提供游览便利"作为最根本出发点。

2. **实施多元产品战略，增加动态参与性产品**

针对北京市旅游市场动态产品欠缺，活动性、参与性不足的缺点，北京市应该大力提倡发展活动性旅游项目。活动的文化旅游产品既可以让古老凝重的北京城"动起来"，也可使一般观光产品功能得到发挥。活动类产品对旅游者的吸引力是显著的。法国每年有500个艺术节，吸引了超过500万的旅游者。英国的伦敦、爱丁堡等城市，也以丰富多彩的动态参与性文化活动如音乐节、民俗节而闻名，每年吸引着大量来自世界各地的游客。北京完全有条件增加一些具有吸引力的动态文化旅游产品。第一，以开放的心态，高远的视野、从市场和文化结合的角度打造出雅俗共赏的具有旅游市场吸引力的大型文艺演出，完全是有可能的。第二，从民族文化振兴和推动旅游业发展的角度，恢复传统文化节日价值。应该从政府主导层面推动，为中国传统文化中的四大重要节日——春节（新年）、端午节、中秋节、清明节重新注入丰富的民俗内涵，让民俗活动重新回归。建议在这些节日当天可以有一天公休假日，以便于人们体验节日氛围，使绵延数千年的中华民族传统文化得以永续流传。第三，建立一到两个文化内涵丰富、科技含量高、娱乐性和参与性强的主题公园，是补充北京动态性文化旅游产品的重要途径，它既能为北京市上千万的市民提供休闲旅游度假场所，也能为每年70%左右的外地到北京的回头客创造富有新意的新去处，为北京旅游增添新的活力。

3. 推行体制创新战略，激发文化产品活力

北京旅游资源的主体——文物、山水、园林资源归属不同政府部门管理，他们在保护、维护国家资源上履行了他们的职能。但保护不等于关起门来守护。文物资源的社会化保护和经营性保护已经被证明是最有生命力的保护方式。这一点，国际上有很多经验值得中国借鉴。尽管旅游资源整体经营权转让是一个在学术界和行业界正在争论的问题，但至少部分经营权的转让是可行的，也可以在营销、线路设计安排、新产品开发等方面多与旅游公司加强合作。当前，国家正鼓励文化单位进行改制，以激发经营活力。在文化旅游景区经营体制创新方面，重庆市博物馆改制的创新之举有借鉴价值。此外，还可参照国外普遍做法，设立文化遗产基金，或开设文化遗产彩票，动员社会力量关心保护北京的文化遗产。

4. 实施行业联动战略，做足文化旅游氛围

北京文化旅游产品质量的提高，游客满意度的提升，核心要依托于景区景点，同时也离不开饭店、旅行社、旅游餐饮、旅游交通和旅游商品等旅游相关行业的管理、服务质量的提升与文化旅游氛围。创建主题性酒店在实现规范化服务的基础上，完全可以在整体设计、装饰、主题等方面体

现北京的文化特色。餐饮业是除了景点之外旅游者最希望从中体验到异质文化特色的产品。北京传统名店、特色饮食应该与时俱进，在口味、工艺、包装、环境营造等方面根据时代变化和消费者需求适当调整产品属性和特征。

5. 实施科技发展战略，提高产品保护度与体验度

科技与文化相互促进。文化旅游要有大发展，离不开科技的支持。北京提出"科技奥运、人文奥运"的口号，让文化资源借助科技之力，实现资源的数字化建设；通过建设方便游客的旅游咨询服务系统，将北京的文化旅游资源全方位展示给游客；建设科技含量高、文化内涵丰富的主题公园和科技活动场所；在传统景区内利用科技手段保护文化遗产，借科技手段把各类遗产文化内涵以感性的、动态的、全方位的方式传递给旅游者，都能带动北京文化旅游的发展。

6. 形象拉动战略

严格意义上说，城市形象的营造有赖于城市政府部门，有赖于整个城市方方面面的工作，因此也产生了"营销城市"的概念。但是，将城市作为一个旅游目的地，从旅游的角度对整个城市形象进行重新塑造，也被证明是十分必要的工作。近几年国际上许多城市都启动了旅游形象塑造工作。北京市旅游局近几年大力实施"走出去，请进来"的战略，频频赴日本、美国、法国、英国等主要客源国进行促销工作，同时也把各国新闻媒体记者请到北京，产生了明显效果。但是，城市形象塑造是一项系统工程，还应该探讨多种方式。例如，针对不同的细分市场，采取有针对性的形象宣传主题；考虑选取合适人选做北京旅游的形象大使；经常举办国际间、省市间文化交往活动等。

三、战略重点

未来北京市文化旅游产业的发展重点,既要注重对静态产品的开发与提升,又要注重动态产品的打造与扶持;既要开发有形文化产品,又要开发无形文化产品。

今后北京的文化旅游开发,将围绕以下 12 个系列重点开发。

(1)以北京城市格局、古老的四合院以及幽深的胡同为代表的老北京文化系列。主要载体为以四合院为代表的北京民居(包括王府和普通民居),现存几十处私家宅院;以故宫为标志,以棋盘格局为布局特征的都城文化;以菊儿胡同、三不老胡同、麒麟胡同等 4550 条胡同为载体的古代胡同文化。

(2)以故宫、长城、钟鼓楼为代表的古建筑文化系列。

(3)以颐和园、天坛、大观园、动物园为代表的园林文化系列。包括皇家园林(颐和园、北海、团城、圆明园等)、坛庙(天坛、地坛、日坛、月坛等)、现代园林(陶然亭、玉渊潭、中华民族园等)和专业园林(动物园和植物园等)。

(4)以雍和宫、广化寺、潭柘寺等为代表的宗教文化系列。

(5)以周口店北京猿人遗址、琉璃河商周遗址、大栅栏"中华商业文化"等为代表的古、近代文化遗址系列。

(6)以明朝十三陵、清东陵、清西陵、房山金陵为代表的封建帝王陵寝系列(注:清东陵、清西陵不在北京境内,但可纳入统一地域)。

(7)以毛主席纪念堂、北京大学红楼、卢沟桥等为代表的革命遗址系列。

(8)以鲁迅故居、中山会馆、原辅仁大学等为代表的名人故居、遗址系列。

（9）以琉璃厂文化街、北京庙会、什刹海及鼓楼商业街为代表的民俗文化系列。

（10）以中国国家博物馆、中国人民革命军事博物馆为代表的博物馆文化系列。

（11）以国家图书馆、北京大学图书馆、海淀图书城、西单图书大厦为代表的图书馆文化系列。

（12）以北大、清华和学院路八大高校为代表的高等学府文化。

而北京市文化旅游路线大致可以设计为以下11条：

（1）长城游：八达岭—慕田峪—司马台。

（2）皇家园林游：北海公园—景山公园—颐和园—圆明园—中南海—钓鱼台。

（3）名人故居游：鲁迅故居—宋庆龄故居—曹雪芹故居—老舍故居。

（4）陵寝文化游：明十三陵—清东陵—清西陵—金陵。

（5）宗教文化游：卧佛寺—戒台寺—潭柘寺—雍和宫—云居寺—白云观。

（6）民俗文化游：四合院—胡同—老舍茶馆—梨园剧场—龙潭庙会。

（7）高校文化游：北京大学—清华大学—学院路八大院校。

（8）新人造景点游：世界公园—中华民族园—老北京微缩城—北京电影旅游城—大观园—三国城。

（9）现代园林和专业园林游：紫竹院—玉渊潭—动物园—植物园。

（10）古文化遗址游：周口店猿人遗址—董家林遗址—金大都遗址。

（11）故宫游：故宫—天安门—中山公园—前门—箭楼。

四、开发措施

（1）保持北京城固有的风貌。北京城区作为文化旅游景观的集中地，应加强历史文化名城保护的意识，在引进现代建筑文明的同时，不能破坏原有的历史文化格局，应严格执行北京市城市总体方案，例如，保持原有的棋盘式道路网骨架和街道、胡同格局；注重吸收传统城市色彩特点，在原皇城范围内强调青灰色民居烘托红墙、黄瓦宫殿建筑群的传统色调；保持由旧城遥看西山以及旧城各重要景点之间的通视走廊；以故宫为中心由内向外分层次控制建筑高度，以保持旧城平缓开阔的空间格局等。位于城郊的文化景观，要依据其历史时间轴分别进行特色性的保护和开发，古建筑要"修旧如旧"，近代历史建筑应保持其时代特点，而现代建筑依据其主题选择适宜的建筑风格。

（2）加强文化旅游的规划与研究。把发展文化旅游纳入规划，各部门积极配合，改变把旅游业认为只是住美屋、吃美食、赏美景，不重视文化价值的狭隘观点。加强与文化部门的横向联系，开拓文化对繁荣旅游事业的各种新途径。强化文化交流，尽可能地向游客展示中华文化的概貌及特征，丰富文化旅游的内涵。

（3）发掘、整理传统的民间文艺活动项目，增加体现民俗风情方面的文化旅游项目。因地制宜举办各种具有地方和民族特色的旅游活动，开发美食馆、旅游点文化演出等活动。开发融观赏、参与、娱乐、知识于一体的民俗节庆活动和民间游艺活动。

（4）展销民间工艺制作，发展旅游商品生产。具有民族特色和地方特色的旅游商品是很受欢迎的，因此，提高地方民族、民间工艺品制作水平，根据游客的消费趋向信息，及时组织旅游商品，是搞活文化旅游的重要一环。目前，北京的旅游商品缺少能代表北京、代表各景点特色的纪念品。

（5）提高文化旅游服务人员及旅游区居民的文化素质，管理好文化旅游市场。旅游业既然是一个带有浓郁文化成分的事业，就要求从业人员必须更多地懂得人文历史知识，谙熟地方传统、风情习俗以及文物方面的知识，尤其是导游的文化素养对开展文化旅游影响更为重要。

（6）景点建设要突出文化内涵。近几年来，北京新建了许多人造景点，但是出现了景点建设缺乏文化内涵或文化内涵不够高的问题，另外，人造景点雷同较突出。因此，今后景点建设要突出文化内涵，进行科学论证，突出特色，避免雷同。既要防止"仿古"的倾向，又要防止完全现代化和雅化的倾向，还要防止大量"人造新景点"的重复建设。

五、发展北京文化旅游产业的若干对策

1. 改善北京市文化旅游行政管理体制

首先，要科学定位，对北京市文化旅游产业的发展前景进行整体规划。对北京市的旅游产业进行科学的规划，全面认识北京市旅游资源的优势与劣势，全面认识其旅游资源的特色，充分考虑其在环渤海甚至是全国旅游业的重要地位，在这个基础上进行合理的、科学的、有特色的、统一的部署，充分利用北京市的文化资源，提供有力的制度保证和政策的支持，使其成为新的经济增长点。改善北京市的文化旅游行政管理体制不仅要宏观把握其文化旅游产业的定位，同时也应该不断发展，适应旅游业的飞速发展，使旅游业的发展真正能促进就业、拉动消费、增加农民收入、统筹城乡发展。促进生态文明、优化经济结构，不仅能够推动服务业发展水平的提升，同时也能带动整个社会公共服务水平的提升。科学制定行

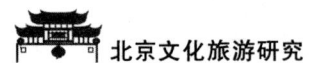

政管理体制，打造北京市精品景区以提高竞争力。北京市有很大的文化旅游发展潜力，它有着十分丰富的自然景观资源和经典的人文历史资源，这都为北京市打造国际性的高品质文化旅游景区奠定了很深厚的基础。所以我们要用世界的眼光更加长远地考虑北京市文化旅游行政管理体制，努力利用资源，发展多项国际文化旅游精品，使北京市的文化旅游事业面向世界，面向未来，进一步提高档次。

其次，要完善行政管理体制，提高北京市旅游综合服务能力，这样才能使旅游区快速发展。这就要求在行政管理上要尽快解决旅游市场主体小、散、差、弱的问题。目前北京市的服务体系还不够健全，基础设施很不完善，管理水平不高，为了满足旅游消费者的需求，必须大力发展文化旅游，以体制管理为先导，重点构建衣、食、住、行、玩各方面都高标准的新时代文化旅游经典景区。

再次，要拉长文化旅游产业链来提高旅游整体的竞争力。应该把餐饮、工艺品、文化娱乐和购物消费同开发文化旅游景区相结合，甚至可以推出有北京市特有文化内涵的文艺节目，真正用文化来留住旅游消费者，真正打造文化旅游强市。

最后，要建立更有活力的行政管理机制。北京市的每个景区都应该充分发挥市场的主动性，实行市场化运作、企业化经营。尤其是一些大型的企业和知名的旅游企业要慢慢实现股份制，创建旅游集团，条件成熟的企业还可以尽快上市，相关部门应加快这方面的鼓励政策，对旅游管理机构进行综合协调，对全市的旅游资源进行统一整合，合理规划，统筹发展。

2. 大力实施北京市文化旅游建设工程

首先，要注重北京市特有的文化基础，努力实现旅游文化的精品化、市场化、特色化发展。只有充分挖掘北京市的文化内涵才是注重内涵发展的有效途径，这才是北京市独特的、创新的旅游经济之路。既可以发展文化，也可以不断促进旅游事业的发展，一举多得。除此之外还可以推出大型的历史舞台剧或推出相关的旅游产品，采用多样的形式表现文化来提升文化旅游的档次和品位。

其次，要利用科学创新来寻求文化导游品质上的提升。文化是旅游城市的灵魂，北京市作为国际级旅游城市，它背后的文化氛围和文化背景是吸引游客和打动游客的核心。北京市不但拥有孟姜女哭长城的历史传承，还有历史悠久的秦皇求仙入海的传说。历史名人文化、长城文化、港口文化、山海文化、体育文化、玻璃文化、工业制造文化、现代农业文化等文化丰富多彩。但是在实地考察中却发现能够充分展现北京市历史文化的舞台演出、戏剧作品和民间演出不多。一个城市的兴盛，除了有强大的经济支撑以外还要有文化繁荣作为城市的品牌形象。所以，在旅游兴市的战略中，必须增加文化产业链条的延伸。不仅要使游客欣赏到北京市的自然美景，体验到北京市的深厚文化背景，还要感受到北京市周到的旅游服务。首先，要加大文化旅游产业的投入，完善旅游的配套设施。其次要完善反映北京市历史人文的文化产品的出版，为北京市展现其旅游城市独特魅力提供一个广阔的平台，并且可以制作一些电视宣传片和做好报刊宣传，实现更加立体的宣传模式。最后，要努力研究北京市文化旅游的开发，不断提升城市的文化品位，提升城市的文化魅力。

3. 加大北京市文化旅游宣传推广力度

加大北京市文化旅游的宣传推广力度，是将文化旅游产业做大做强的重要举措。具体来说就是由过去更加分散、单一的宣传促销手段，变为更加整体、更加综合的宣传促销手段；由过去行业内部、局部的宣传促销，转变为北京市大宣传，更加生动的城市形象展示。例如可以每年确定一个有北京市特色的文化旅游主体，以城市文化为重点，联合政府组织及部门，上下联动创造宣传促销新机制，增强文化旅游的卖点，吸引国内外游客，逐渐建立文化旅游营销网络，更加合理科学地应用现代化营销手段宣传旅游文化资源。同时也可以结合博览会等多种多样的形式，加大宣传力度。

除此之外，在北京市文化旅游宣传方面应该改变观念，突破传统地从自然景观方面吸引游客，而应该充分利用北京市拥有的历史人文资源和自然旅游资源，在宣传旅游卖点上求创新。游客是旅游城市不断发展的基础，但是他们既是服务经济的发动机，也是消费经济的主力军，一个旅游城市能够吸引和容纳旅游者数量的多少对城市旅游收入和第三产业的发展起决定性作用。

北京市拥有得天独厚的地理位置，虽然北京文化旅游发展的步伐近年来有所加快，也有很明显的收效，但是这个效果远远没达到旅游兴市、旅游建市的目标。分析其中的原因主要是因为政府过于注重专业团体和旅游部门的旅游推介，却忽视了对全民的推介；过于注重门票的经济收益，但却忽视了其旅游景点背后的文化价值，忽视创造旅游产业的服务经济及产业经济价值；过于注重团体旅游的开发，却忽视了散客旅游的接待；过于注重城市里的宣传，但却忽视了立足国内，走向世界的宣传战略。所以政府必须首先改变观念，牢固树立打造精品城市、旅游品牌城市和世界旅游目的地的指导思想。

4. 市场化运作促进文化旅游发展

为了加快北京市文化旅游的发展，首先应该让政府掌管旅游经济的命脉，明确意识到市场运作才是旅游业发展的重要渠道。只有将政府引导作为重要依托，完善和制定出科学合理的地方法规体系来推动文化旅游产业的发展和扶植文化旅游产业的融合发展。政府首先应加大对旅游业的支持力度，对于加入旅游业发展的社会力量提出一些优惠政策，以吸引更多的人才力量加入北京市的旅游建设事业中来。北京市的旅游部门和文化部门应该要强强联手，将市场运作作为载体，对北京市的旅游产业进行精心的规划，细致的研究，对于前景较好的项目，政府方面大力支持，努力发展新兴旅游热点。

打造特色旅游经济，促进北京市旅游产业的发展，最终实现文化旅游产业的飞速发展。具体可采取以下几点措施：

首先可以采取走出去的宣传营销策略，把北京市文化旅游打造成名牌进行宣传推销，建立长期的国内外营销措施，建立一些代理机构，类似于企业的分销模式，政府可以从旅游税收中取出一部分作为奖励基金，对那些为北京市文化旅游经济做出贡献的单位或个体进行嘉奖。

其次，应该改变依靠门票获得旅游经济发展的观念，政府应该引导旅游企业进行旅游景点文化内涵的完善，来增加景点的文化价值和服务价值。

最后，应该对北京市的文化旅游产业进行长期的发展规划，大力开发文化旅游市场，增加游客。夯实旅游的坚实基础，寻求服务的实力。旅游城市应该重视产业升级工程，卓越的文化旅游环境项目不仅可以改善民生，同时也是文化展示工程；不仅提升其自身的硬实力，也可加强软实力的掌握，最终实现旅游立市、旅游兴市的宏伟目标。以上一切归根到底是服务问题。旅游服务涉及食品、住房、购物、交通、娱乐、音乐和城市管理其他各个方面。它也是提升城市硬实力和软实力最有效的手段。但北京的有些方面还存在很多问题，像出租车拒载、服务态度野蛮、酒店服务不到位、景点有小商贩、景区门票价格虚高、城市街道状况不佳、人们素质

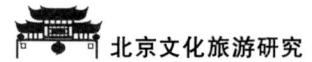

不高、缺乏方便游客在夜间购物和休闲的场所等。所以我们必须先建立服务的竞争力，实现可量化的目标，如游客人数、国内生产总值等，制定行业服务规范，评估惩罚制度，开展服务品牌和金牌服务活动，以提高服务能力。通过不懈的努力，以优化服务实现现代化服务和设施，用户友好的服务，努力为游客提供全市各景点、酒店、餐厅、车站和其他窗口单位的全面信息，形成"不让一个游客在北京市受委屈"的服务理念，使服务标准化、人性化，并且追求个性化的服务，打造北京市亮丽的城市名片。

综上，北京市文化旅游资源丰富，种类齐全，地理位置得天独厚，发展势头强劲。但文化旅游产业发展的同时也产生了一些制约其发展的突出问题。根据现阶段北京市文化旅游发展内部特征和外部环境，通过SWOT分析，我们认为：北京市文化旅游产业发展必须由政府主导，充分发挥政府的经济职能，在产业的市场化运作、管理体制改革、资源整合、挖掘文化内涵和科学规划等方面强化研究和管理，进而采取有针对性的措施。北京文化旅游在未来有着广阔的发展空间。

第七章
低碳旅游背景下的北京文化旅游发展策略

一、概述

为缓解全球气候变暖、环境污染和应对能源危机,大力发展低碳经济已成为世界各国的普遍选择。低碳旅游是一种新型的可持续旅游发展方式,它的核心理念是以更少的碳排放量来获得更大的旅游经济、社会、环境效益。

旅游业作为一项综合性极强的产业,涉及交通、食宿、营销、环保等诸多环节,也一直被称为"朝阳产业""无烟产业"。在低碳经济背景下,旅游业的能耗、污染问题正逐步成为社会和学者关注的焦点,同时旅游业也是温室气体排放的来源之一,其涉及的交通运输、住宿及其他相关活动所产生的温室气体占全球温室气体排放总量的 4%~6%。传统发展模式下的旅游产业还能否被称为"无烟产业"有待考证。

1. 低碳旅游的概念

"低碳旅游"是在低碳经济的大背景下产生的,一般借用低碳经济的理念,低碳旅游就是以低能耗、低污染为基础的绿色旅游。国内学者有其各自见解，归纳总结：低碳旅游是指在旅游发展过程中，通过运用低碳技术、推行碳汇机制和倡导低碳旅游消费方式，以获得更高的旅游体验质量和更大的旅游经济、社会、环境效益的一种可持续旅游发展新方式。总之，作为经济活动之一的低碳旅游，是低碳经济基础上的新型旅游方式，其内涵是以环境为中心，以减少对环境的伤害为重点，以低能耗、低污染、低排放为基础的旅游经济模式，强调保护环境而非享受环境。

2. 我国发展低碳旅游的必要性分析

当前我国旅游业正处在由传统的生态旅游、可持续旅游发展模式向低碳旅游过渡的时期，发展低碳旅游也是对低碳经济的响应与落实。事实上，低碳旅游是人类面对全球气候变暖、能源危机而寻求旅游经济发展道路的新举措。低碳旅游是在"统筹人与自然和谐关系层面"的重大进步，更是旅游产业发展模式的一个重大突破，它可以优化旅游产业发展的目标体系，通过创新观念、技术革新来推动旅游产业朝着低碳方向发展，将旅游产业同人类生存发展的重大命题联系在一起，实现人类综合收益的最大化。

（1）低碳旅游是我国旅游业发展的战略选择。低碳旅游是我国低碳经济的重要组成部分。低碳经济基本涵盖了所有的产业领域，旅游业属于第三产业，是低碳经济的重要组成部分。由于旅游业具有产业关联性强的特点，涉及食、住、行、游、购、娱六大领域，以旅行社、旅游饭店、旅游景区、旅游车船公司、旅游商贸公司等为主要内容，对其他产业既有极大的依托性，又有极强的带动性。因此，旅游业的低碳发展会带动其上下游产业的共同低碳化，从而在一定程度上促进低碳经济的发展。

（2）低碳旅游是我国旅游业可持续发展的必然方向。低碳旅游是实现旅游业可持续发展的必然方向。低碳旅游是借用低碳经济的理念，以低消耗、低污染为基础的绿色旅游。一方面，低碳旅游以减少二氧化碳的排放为核心，通过控制碳排放量来获取旅游经济、社会、环境等多重效益，其本身就属于可持续旅游的范畴，另一方面，我国旅游业发展带来的负面影响尤其是对生态环境的负面影响日益突出，旅游资源盲目开发建设，旅游经营中的资源浪费和环境污染严重，公众环保意识缺乏产生大量的旅游垃圾，这些无疑对旅游业的可持续发展构成了威胁。而低碳旅游谋求能源和废弃物最小化、避免资源浪费、减少污染物的产生，可以有效降低和消除旅游业产生的消极影响。

3. 低碳经济背景下旅游发展的分析

低碳旅游是一种尽可能降低碳排放量的旅游，是一种全新的旅游观念，也是一种高品质的旅游方式。它要求人们有效地计算旅游活动中的 CO_2 排放量，并尽可能采取措施减少旅游活动所释放的 CO_2。通过低碳消费理念的推广引起开发者、旅游者和全社会对低碳旅游开发全过程环境影响的关注，使污染物产生量、流失量和治理量最小，使资源得到充分利用。主要通过资源的综合利用、短缺资源的高效利用、二次资源的利用以及节能、降耗、节水，合理利用自然资源，减缓资源的耗竭。同时，减少旅游废弃物和 CO_2 等污染物的生成和排放，促进旅游产品的生产、消费过程与环境相容，实现旅游发展的经济、社会和生态效益的统一。

二、低碳旅游与文化旅游的关系

文化是旅游发展的灵魂，旅游是文化发展的重要途径。低碳旅游背景下发展文化旅游产业就是挖掘民族文化、完善旅游产业、促进旅游结构发展的同时真正做到低能耗、低污染、低排放。

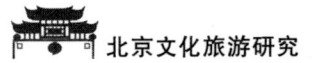

1. 文化旅游的特点

旅游是一种通过地理位置上的转移，对沿途所看到的自然景观或人文遗迹而产生的一种生理或心理上的满足的活动。因此，可以说文化旅游就是以本民族、本地区特有的生活习惯、文化艺术、礼仪习俗等在内的文化吸引和感召，使旅游客体产生一定的共鸣和互动的休闲娱乐活动。一个地区的民族特征越鲜明，原始风格越纯，历史氛围越浓，地方差异越大，生活气息越足，文化旅游就越有强大的生命力。

2. 低碳旅游与文化旅游的相互影响

低碳旅游方式契合了文化旅游目标，低碳旅游通过食、住、行、游、购、娱的每一个环节来节约能源、降低污染、保护环境。文化旅游是涉及精神文明与物质文明的综合性文化活动。低碳旅游形式唤醒公众对自我文化的保护意识，使人们在旅游中汲取知识，开阔视野，陶冶情性，受到文化的洗礼，得到更大的文化满足，具有教育旅游者、保护文化的作用。两者相互融合，相互支持，相互受益。

（1）低碳旅游为文化旅游的发展提供保护。旅游景点及旅游服务的低碳化发展，必将引导旅游者置身文明温馨的旅游环境，自觉克服或抑制自身的不文明行为，提升旅游活动的文明程度和文化含量。通过不断完备的文化旅游，推进文化旅游的健康发展，通过建设健康完美的旅游文化，满足人民大众的文化需求，促进文化旅游的持续发展，实现保护、利用和管理的统一，实现社会效益和经济效益的双丰收。

（2）文化旅游为低碳旅游的发展提供资源。文化旅游生态化推动发展低碳旅游，有着自己优势：一是涉及众多旅游者和从业人员，有利于低碳旅游理念的传播；二是旅游业关联产业涉及行业多，利于全面推进低碳旅游和产业生态化，建设资源节约和环保型社会；三是由于文化旅游产品的组合与出售都完全依靠洁净的海水、原始的山坡、未受污染的水域、干净的街巷、保护完好的建筑物与考古现场以及多彩的文化传统，因此，文化旅游为低碳旅游发展提供资源。

（3）低碳旅游与文化旅游发展对旅游经济的影响。旅游业是带有很强的文化性的经济事业，也是带有很强经济性的文化事业。旅游的经济性及由此带来的可观的经济效益，是旅游业在世界各国得以大力发展的重要原因。文化旅游是21世纪旅游业的主要发展方向，而低碳旅游是我国旅游业发展的战略选择。旅游业经历了以自然资源作依托、交通运输促发展的第一代，以都市娱乐为特征、都市娱乐文化为代表的第二代，以各种模拟、微缩类主题公园为特点的第三代，低碳、生态环境等新的旅游观念正在形成，进入第四代。旅游业即以一种对民族、国家经济命运及生态关怀为动力，以深厚的民族文化、地域文化为底蕴，以独特资源为依托的文化旅游。由此，以文化旅游为依托，发展低碳旅游，是旅游业保持生存和发展的需要，是旅游经济持续增长的需要。

三、低碳旅游背景下文化旅游发展策略

文化是旅游发展的灵魂，旅游是文化发展的重要途径。低碳旅游背景下发展文化旅游产业就是挖掘民族文化、完善旅游产业、促进旅游结构发展的同时真正做到低能耗、低污染、低排放。

1. 转变传统观念，宣传低碳理念，形成崇俭反奢的文化氛围

旅游者是旅游全过程的参与主体，在低碳旅游背景下，他对低碳旅游方式的理解和实践显得更为重要。通过各种途径进行宣传教育引导，让人们树立"生态价值观"，改变贪大、求全、奢侈、浪费的旅游消费习惯，选择与社会节约理念相适应的简约、科学、适度、不危害生态环境、不妨

碍后代利益的旅游消费方式，增强人们对节约的道德认同和意识自觉，从而形成全社会崇俭反奢的文化氛围，使节能减排、低碳旅游、生态文明建设等理念深入人心，宣传和普及低碳知识，引导人们从自己做起、从点滴做起，为发展绿色旅游、低碳旅游经济贡献力量，把低碳文化变为全社会的主流意识。如在进行旅游交通方式的选择上，尽量以徒步、自行车、公共汽车、铁路等相对低碳的旅游交通方式取代自驾车、航空等高碳交通方式；在选择旅游住宿时，尽量选择带有"绿色标签"的旅游酒店或青年旅馆等小酒店，且不用每天更换床单被罩，并携带和使用自己的卫浴用品，减少浪费；在进行餐饮食物的选择时，优先考虑各种绿色食品、生态食品，不使用一次性餐饮工具；在选择旅游活动时，优先选择体育、运动、康体等低碳旅游体验活动。

2. 推进旅游发展方式转型，着力打造低碳旅游目的地

低碳旅游主张追求和谐共进的经济、社会和环境效益。在维持文化完整、保持生态环境的同时，满足人们对经济、社会和审美的要求，追求人与自然的和谐。要改变我国旅游业发展粗放盲目、急功近利、重开发、轻保护等传统做法，推进旅游发展方式转型，着力打造低碳旅游目的地。低碳旅游目的地是发展低碳旅游的有效空间载体，涉及不同的空间尺度，既包括低碳旅游地区、低碳旅游城市，也包括低碳旅游景区景点。低碳发展方式成为重要的战略竞争高地，谁在低碳旅游发展方式转型、在构建低碳旅游目的地的战略层面拥有主动权，谁就能在全球化旅游竞争格局中拥有自己的发展机会和立足之地，拥有发展的话语权。低碳旅游景区的建设要注意以下几点：一是要加强对景区碳汇资源（如森林、湿地、草原等）的保护，严格控制游客容量，培育碳汇旅游体验环境，这是低碳旅游发展的最基本层面；二是要基于低碳技术在景区全程配置低碳旅游基础服务设施,三是低碳旅游产品的开发要注意民族文化的保护和传承。

3. 在全行业推行节能减排技术,减少碳排放

旅游管理有关部门应制定鼓励节能环保的优惠激励政策、约束性的惩罚政策,在全行业推行节能减排技术,减少碳排。在推行的过程中也要抓住重点环节,即旅游交通、旅游住宿、旅游活动三个方面。在旅游交通方面,重点是航空,乘飞机旅行已经成为温室气体排放增加最快的来源,航空业重点要搞技术革新、提高燃效,采用更有效的航空交通管理办法减少航班次数、提高运营效率以及建设高效的基础设施、采用积极的经济措施等。在旅游住宿方面,积极推动绿色饭店、生态饭店的创建,重点关注建筑节能减排,采用新型节能设备和建筑材料,不断提高节能减排新产品、新技术的利用率,推进节能潜力较大的空调、电梯、照明等设备技术改进,在确保设施和服务不降低标准的前提下,物品尽可能地反复使用,把一次性使用变为多次反复使用或调剂使用。

四、结语

低碳旅游是旅游业在全球气候变化背景下,对低碳经济发展的响应,必将引起人们旅游方式的深刻变革。低碳旅游表现出游客参与深、体验内省化和生态性的文化旅游特性,体现了低碳旅游的可持续发展性。为了推进旅游文化发展进程,最终实现旅游产业的全面低碳化,需要认真把握和利用其内在的动力机制,发挥政府部门的发起性和倡导性作用,引导旅游企业和旅游者朝低碳化方向进行生产和消费活动,并依靠发展旅游者低碳旅游文化观念作为核心动力来实现旅游低碳化发展。

第八章
北京文化旅游发展研究实例
——北京市通州区旅游产业与文化创意产业的融合

一、通州文化旅游产业发展背景

基于通州旅游业发展现状,通州旅游产业的发展应明确通州旅游产业在北京现代化国际新城建设中的新角色、新任务、新责任,抓住机遇、创新思维,通过创新旅游产业发展模式、深化旅游产业内涵式发展、推进旅游业与高端商务、会展、文化、生态休闲新型农业等产业的融合,提升通州旅游品质、发挥广域引擎作用、重塑通州旅游新形象、加快通州现代化国际新城建设的进程,确立全力打造首都"现代文化旅游新城"的区域旅游发展战略。

二、通州文化旅游产业发展原则

1. 整体性原则

整体性原则是通州发展文化旅游的首要原则。作为北京城市副中心,通州文化旅游要通过现代科技手段和与相关产业的融合互动发展,不断促进其物质环境空间和社会网络空间的协调发展，不断提高在北京"智慧之城"构建中的区位作用。

2. 品牌性原则

品牌性原则是通州旅游产业内涵式发展的关键所在。通州文化旅游的发展要有树立旅游品牌的强烈意识，在组成旅游目的地的各要素中通过引进、培育、嫁接等多种方式，在传统旅游资源挖掘出、开发出能吸引现代旅游者的旅游项目，而在文化创意和新技术引领下的主题公园建设等方面要加大力度，推出国际化的产品或服务品牌，树立通州文化旅游新形象，改变目前通州旅游的发展面貌。

3. 效益性原则

效益性原则是通州文化旅游产业发展的根本所在。对通州区域内的产业进行清晰定位，做到各有侧重、适度交叉，避免恶性竞争和重复建设造成资源浪费。要依据特色和发展潜力建设产业园，挖掘产业功能区差异化优势，保证各功能区的相互协同、功能互补，实现通州社会效益、经济效益和生态效益的统一，促进旅游与区域社会、经济效益和生态环境的互动与可持续发展。

三、通州文化旅游产业发展思路

通州文化旅游产业的整体发展思路是在坚持整体性、品牌性、效益性三大原则的基础上：

1. 开发三大产品体系

以游客高峰体验为标准，构建文化创意旅游、高端商务旅游、生态休闲新型旅游为主导的产品体系。

2. 产业融合、整体推进

以"产业融合、整体推进、文化创意旅游为重点"的指导方针，形成独具特色的文化创意旅游产业，提升新城旅游品质；以发展京郊低碳旅游新模式，塑造新城旅游形象；以加快商旅融合、创建国际化休闲休憩旅游地标街区，助力通州新城建设。实现整个城区经济、社会与生态协调发展，完善旅游目的地营销系统，加强区域合作，在未来把通州建设成为现代国际旅游新城。

四、通州旅游与文化创意产业的融合

未来北京发展文化旅游业的前景十分广阔，探索通州旅游与文化创意产业融合的路径对通州的发展意义十分重大。

1. 通州旅游产业与文化创意产业融合的主要路径

通州文化创意产业必须精准明确自己的定位，高标准的文化创意产业定位才能发展高品位的文化创意产业，从而形成具有广泛影响力、辐射力和可持续发展的强势文化创意产业，并在推动通州旅游经济发展的同时，有力地推动首都的文化建设和发展。同时，未来旅游业的发展要求改变对旅游资源过分依赖的单一发展模式，旅游产业与文化创意产业融合提高了旅游产品的文化附加值，促进了旅游产业要素资源的品位化和运行方式的革新，从而导致旅游产业和文化创意产业的融合共生效应不断增强。

（1）用先进的理念引领旅游产业与文化创意产业的融合。要充分发挥政府在旅游产业规划指导、产业引导、管理机制的转变等方面的组织协调作用和市场指挥监督作用。政府要发挥在领导和协调现有文化旅游资源所属的文化、宗教、各行政部门及企业等主管单位方面的作用，制定共同发展大文化、大旅游、培育大产业的具体可行的规划，加强宏观指导和监管

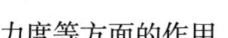

力度等方面的作用。

（2）以市场为导向为旅游产业与文化创意产业的融合发展营造环境。通州旅游产业与文化创意产业的融合发展必须坚持以市场为导向，充分发挥市场配置资源的基础性作用，加强旅游产业的发展环境建设，营造良好的产业发展投资环境和市场消费环境。首先，要创新运营机制，在保证国家所有权不变的情况下，实行政府管理、企业化经营，让他们成为拥有充分自主经营权的市场主体；其次，要加强对旅游市场和文化市场的研究，创新旅游产品的开发手段，选准旅游开发市场定位，将文化资源融入到旅游项目的开发过程中，把优势旅游资源转化为消费者喜爱的优质旅游产品。同时要创新旅游产品营销方式，通过节庆会展、影视创作促销、主题推介促销、网络促销等传统方式与新型营销方式的结合，加强对文化旅游产品和品牌的宣传促销力度。

（3）以整合为纽带推动旅游产业与文化创意产业的融合发展。文化与旅游资源的有机结合，一方面使民俗风情、传统技艺和民间艺术等软性的传统文化资源得以保护和延续，另一方面也能够吸引游客、开辟商机。在资源的整合开发中，可充分发挥产业的联动作用，拉长产业链，大力发展相关产业，开发相关产品，丰富旅游业。另外要以文化旅游资源为纽带，以文化主题的发掘和提炼为切入点，将主体性较强、地方特色明显的文化旅游资源串联整合起来，构建若干条有文化特色的旅游线路，丰富旅游内涵，提高旅游产品的档次，打造叫得响的旅游品牌。

2. 通州旅游产业与文化创意产业融合的战略措施

（1）打破旅游产业与文化创意产业的边界，创造新的旅游热点。打破原有旅游产业与文化创意产业的边界，通过产业间经济活动的功能互补和延伸来实现产业间的融合，从而赋予原有产业新的附加功能和更强的竞争力。

通州自然旅游资源匮乏，利用文化创意产业的空间载体，用富有创意的表现手法、制作手段以及各种科学技术，将文化创意元素运用到旅游产品中，体现出有吸引力的创意世界，比如通过动态的实景演出把旅游景点动态化，丰富旅游产品的内容和表现形式。

自从主题公园在欧洲诞生并由美国迪斯尼推广成具有世界影响的项目后，传统旅游业面临着产业升级的挑战和压力。通州在旅游资源总体不足的条件下可大力发展和建设有着广阔市场前景的主题公园，从而将通州旅游业带上一个新的台阶。在主题公园的总体策划、项目选择和实际建设中，要注重新技术的应用，比如先进的数字化技术的广泛应用能改变传统公园人造景观和游乐内容一成不变的弊端。数字技术在主题公园所打造的虚拟场景的逼真程度足可以以假乱真。实际上现有的技术只要有好的创意，能超越室外微缩景观和室内人造景观的局限，同时也能超越普通平面画面的效果，同时若将主题公园的活动主要安排在各个场馆内举行，既能节约大量的景观土地，也能避免因北方气候寒冷而室外活动不能一年四季全天候举行的弊端。

主题公园的项目将不同程度具有参与性和互动性，众多体现可操作、可触摸、可体验的项目除增加游客的娱乐兴趣外，也能激发游客探寻科学或生活知识的积极性，让游客成为主题公园活动的真正主人，以激励人们追求卓越、创造性思维、勇于实践和动手能力等正确的人生态度。

（2）以运河文化为主题产品，亲水休闲为基础产品，向休闲度假、文化体验方向发展。通州大运河历史悠久，在北方水资源不丰富的背景下具有无可比拟的稀缺性，但如何从传统运河文化中找出通州旅游产业与之重叠的部分并开展具有良好的经济效益、社会效益、生态效益的旅游项目，是摆在我们面前的课题。

目前看来，以运河文化为主题、以河流湿地为主体、以绿色休闲为基础，打造"中国运河龙头、京东水都休闲"品牌，在创造"北有长城雄风、东有运河龙头"的北京大旅游格局中崛起。以亲水休闲为重点开发方向，对接市场、开拓市场。古今结合、传统与时尚一体，旅游和休闲旅游产品开发要体现历史长河与时代潮流相结合，文化古韵与时尚休闲相结合，郊野风光与城市繁华相结合，历史古镇文化与现代城市风貌相结合。产业互动、整体推进休闲旅游产业与文化产业、绿色农业、物流产业及房地产等产业相结合，促进通州经济文化的全面繁荣。

通州旅游开发要与通州商贸文化紧密结合，成为通州璀璨文明的载体，使旅游休闲和通州文化相结合，开发方向应从观光游览型向更高层次的休闲度假和文化体验方向发展。通州可通过多种途径，全方位展示通州旅游的运输文化、商贸文化、地方民俗活动、地方历史名人文化等方面，以突出"通州的运河"。利用与整治相结合，休闲与旅游相结合，交通与游览相结合，白天与夜晚相结合，本地市场与外地市场相结合，大力发展商旅结合下通州文化旅游的新思路。

（3）将宋庄这张国内外闻名的文化名片打造成为可持续发展的旅游品牌。宋庄文化创意产业的发展模式，是以市场调节为主的发展模式，并具有生态群落的特征。围绕培育适宜创意阶层生活和创作的环境，提高宋庄吸引和动员艺术家的能力，在自主创新、自由发展、发挥市场的优胜劣汰的竞争机制的同时，政府需要加强宏观调控，以审慎、开明和理性的态度，加强引导、服务和有效管理。

宋庄原创艺术集聚区是一个新型文化现象，又具有经济属性和功能特性，尤其是对于通州的文化旅游而言，有着非同寻常的意义。就宋庄而言，在旅游业的发展上应突出特色定位，努力探索出符合宋庄特点的旅游业与文化产业深度融合的旅游业发展模式。

宋庄可持续发展才能成为通州文化旅游一个可靠的旅游品牌，但过度的商业化和旅游业的过度开发，会导致地价的急剧上升、生活成本的快速上扬以及画家生存环境的急剧变化，届时宋庄的优势不再，从而威胁到宋庄的发展后劲。为避免出现这一局面，政府应在基础设施的完善、画家利益的保护、旅游业发展规模和商业化发展程度的控制上要把握好尺度。

参考文献

[1] 范建华，秦会朵.文化产业与旅游产业深度融合发展的理论诠释与实践探索[J].山东大学学报：哲学社会科学版，2020（04）：72-81.

[2] 黄大勇、刘军林.文化旅游融合的认知、动力与发展向度[J].贵州社会科学，2019（12）：141-146.

[3] 宋瑞.文化和旅游：多视角的透视[J].旅游学刊，2019（4）：1-3.

[4] 张清荣.文旅融合视角下的区域文化旅游品牌塑造[J].文化产业，2019（24）：1-3.

[5] 刘嘉毅.国内文化旅游品牌研究：回望与启示[J].北京第二外国语学院学报，2013（5）：71-77.

[6] 周浩玲.互动与交换：文化遗产旅游保护中的交换关系[J].文化创新比较研究，2019（36）：23-25.

[7] 蒂莫西.文化遗产与旅游[M].北京：中国旅游出版社，2014.

[8] 胡晓琴.国内非物质文化遗产旅游研究的进展及启示[J].吉林工商学院学报，2016（1）：55-59.

[9] 戴俊骋，李露.非物质文化遗产旅游和地方建构[J].旅游学刊，2019（5）：3-5.

［10］刘月田，丁卓霖，宋绍智.文化旅游产业融合发展的思考与建议［J］.中国发展观察文化产业.2019（24）：63-64.

［11］陶萍、周奕彤.文化旅游产业的国外经验借鉴研究［J］.商业经济，2020（4）：40-41.

［12］贺小荣，陈雪洁.中国文化旅游70年：发展历程、主要经验与未来方向［J］.南京社会科学，2019（11）：1-9.

［13］刘治彦.文旅融合发展：理论、实践与未来方向［J］.人民论坛·学术前沿，2019（16）：92-97.

［14］黄永林.文旅融合发展的文化阐释与旅游实践［J］.人民论坛·学术前沿，2019（11）：16-23.

［15］耿标.剖析我国政府主导型旅游发展模式的依据及实施［J］.旅游纵览（下半月），2015（02）：51.

［16］厉新建，时姗姗，刘国荣.中国旅游40年：市场化的政府主导［J］.旅游学刊，2019（02）：10-13.

［17］张广瑞.中国旅游发展政策演变与未来发展趋势［J］.理论参考，2012（09）：23-24.

［18］徐菊凤.旅游文化与文化旅游：理论与实践的若干问题［J］.旅游学刊，2005（04）：67-72.

［19］蒙吉军，崔凤军.北京市文化旅游开发研究［J］.北京联合大学学报，2001（01）：139-143.

［20］邓琼芬，俞万源.近20年来我国文化旅游开发研究综述［J］.嘉应学院学报，2014（02）：65-70.

［21］刘朝晖.文化旅游开发中的"人类学参与"［J］.旅游学刊，2012（10）：8-9.

［22］侯兵，黄震方．文化旅游实施区域协同发展：现实诉求与路径选择［J］．商业经济与管理，2015（11）：78-87．

［23］厉新建．文化旅游、旅游凝视及其他［J］．旅游学刊，2013（11）：8-10．

［24］郑哲．文化旅游的符号建构［J］．四川大学学报：哲学社会科学版，2013（05）：90-95．

［25］麦克切尔（Bob Mc Kercher），迪克罗斯（Hilary du Cros）．文化旅游与文化遗产管理［M］．南开大学出版社，2006．

［26］梁雯．创意旅游：文化旅游的可持续发展之路［J］．旅游纵览（下半月），2017（09）：31．

［27］黄大勇，刘军林．文化旅游融合的认知、动力与发展向度［J］．贵州社会科学，2019（12）：141-146．

［28］苏卉．文化旅游产业的融合发展及政府规制改革研究［J］．资源开发与市场，2012（11）：1044-1045．

［29］张海燕，王忠云．旅游产业与文化产业融合发展研究［J］．资源开发与市场，2010（04）：322-326．

［30］余洁．文化产业与旅游产业［J］．旅游学刊，2007（10）：9-10．

［31］石珂．北京文化旅游产业国际化发展初探［J］．旅游纵览（下半月），2018（09）：136．

［32］吕亚静．北京文化旅游产业国际化发展研究［J］．中国产业，2011（05）：73．

［33］徐菊凤．北京文化旅游产品发展的战略思考［J］．中国社会科学院研究生院学报，2005（05）：31-35．

［34］王静，王玉霞．北京博物馆文化旅游服务质量提升研究［J］．北

京联合大学学报：人文社会科学版，2017（03）：26-30.

［35］杨培玉，王培英.北京文化旅游创意产业发展驱动力及战略研究［J］.改革与战略，2015（08）：154-157.

［36］王培英.北京市文化旅游创意产业发展路径探析［J］.北京城市学院学报，2014（01）：82-86.

［37］王明星.文化旅游［M］.天津：南开大学出版社，2008.

［38］金元浦.文化创意产业概论［M］.北京：高等教育出版社，2010.

［39］姚湘晖.文化旅游创意产业发展的动力机制与对策［J］.旅游纵览（下半月），2015（03）：48-50.

后 记

文化旅游是北京旅游业未来发展的方向。作为多年从事文化旅游教学和科研工作的资深教师，我们在多年工作经验的基础上完成此书，对北京文化旅游的现状进行了分析，对未来北京文化旅游的发展进行展望并提出自己的建议和看法，希望能为后来者提供些许参考。

在项目进行和本书的写作过程中，北京财贸职业学院科研处和旅游与艺术学院的领导给予了大力支持和帮助，原北京财贸职业学院旅游系主任王琦教授在本书的撰写过程中提供了许多有益的建议，上海易达国际旅行社有限公司吴文良先生、北京导游协会刘嘉颐先生为本书的完成提供了大量的资料和无私的帮助，在此深表感谢。

由于水平和视野有限，本书的疏漏和不妥之处在所难免，希望广大读者提出宝贵的修改意见，以便我们今后补充和修正。

著者

2020 年 8 月于北京